U0115943

筆尖上的成長

名師教你寫作文

卷二 下

黃春 編著

Contents 目錄

CHAPTER 01 生活篇

CHAPTER 02

讀書篇

CHAPTER

03 行路篇

CHAPTER

04 自然篇

CHAPTER 05

親情篇

CHAPTER 06

愛情篇

CHAPTER 07

思想篇

CHAPTER 04 自然篇

東籬采風尋真意

黃春

最近在教《月下獨酌》，李白渴望「永結無情遊」，所謂「無情」，就指的是「自然」：星月，山水，花草，木石，鳥獸……其實，既然可「結遊」，又怎會是「無情」？「天若有情天亦老」，天當然有情，要不我們為什麼要喊它為「老天」呢？難怪李白能「舉杯邀明月，對影成三人」，會「相看兩不厭，唯有敬亭山」。

一個道理：人若有情，天必有應。

文學裡所說的「一切景語皆情語」，說的就是景由情生。若想包羅萬象於筆端，必得先有能溝通萬物之靈犀，才好。

〈赤壁賦〉裡蘇軾說：「清風徐來，水波不興。」，「水波不興」不是沒有水波，而是水波不願興起。一個「不」字，寫得水波是具有人格化的，是具有主觀意願的，是可以左右自己的選擇和態度的。倘若寫成「水波未興」或「水面無波」，那樣，水是被動的，是沒有情趣的，更是沒有個性意志的。而蘇子眼前的「清風」和「水波」，似乎是互不相干的兩個人，一個自顧「徐來」，一個寧可「安靜」。這江水就好比是蘇子自己了，縱使你政壇興風作雨，我自有我的寧靜天地；縱使這政壇使得我「櫛風沐雨」，我也自有我的心靜如水。

很喜歡張抗抗的一篇散文〈牡丹的拒絕〉，摘其中一小段：

連日濃雲陰雨，四月的洛陽城冷風嗖嗖。街上擠滿了從很遠很遠的地方趕來的看花人。看花人踩著年年應準的花期。明明是梧桐發葉，柳枝滴翠，桃花梨花姹紫嫣紅，海棠更已落英繽紛——可洛陽人說春尚不曾到來；看花人說，牡丹城好安靜。一個又冷又靜的洛陽，讓你覺得有什麼地方不對勁。你悄悄閉上眼睛不忍尋覓。你深呼吸掩藏好了最後的僥倖，姍姍步入王城公園。你相信牡丹生性喜歡熱鬧，你知道牡丹不像幽蘭習慣寂寞，你甚至懷著自私的企圖，願牡丹接受這提前的參拜和瞻仰。然而，枝繁葉茂的滿園綠色，卻僅有零零落落的幾處淺紅、幾點粉白。一叢叢半人高的牡丹植株之上，昂然挺起千頭萬頭碩大飽滿的牡丹花苞，個個形同仙桃，卻是朱唇緊閉，皓齒輕咬，薄薄的花瓣層層相裹，透出一副傲慢的冷色，絕無開花的意思。偌大的一個牡丹王國，竟然是一片黯淡蕭瑟的灰綠……一絲蒼白的陽光伸出手竭力撫弄著它，它卻木然呆立，無動於衷。驚愕伴隨著失望和疑慮——你不知道牡丹為什麼要拒絕？

「牡丹的拒絕」，多麼像蘇軾的「水波不興」。

不管你是不是願意將人視作自然的一分子，自然，都和我們息息相關著。

孔子在江邊，面對汩汩滔滔的江流，不禁感慨：「逝者如斯夫，不捨晝夜。」莊子將楚國相位放在身後「持竿不顧」，指著水中的烏龜說：「吾將曳尾塗中。」荀子說為勸勉世人為學不輟，說：「積土成山，風雨興焉；積水成淵，蛟龍生焉。」

你看，天地萬物，帶給我們無盡的理趣。

我的一位學生在談「機會」時說：「我不能說機會是什麼，我只能說機會像什麼。機會像初春的一枝花。它是美麗與希冀的化身，太多人只被她的魅力吸引而忘卻了真實的存在，孰知花兒再美也不過留得一時，終是要凋零成泥化作春恨。好在年年有春，春春花開；那麼即便是錯過一程也只好說是無緣，又何須惱恨後悔。須知這一份無奈可留成一江春水，照例用另一種姿態搭上春這一季的班車。這一段錯過也終將化成另一種對生活的膜拜之禮。」所謂「機會」，實在是緣起緣盡，緣聚緣散。

另一位學生在談「期待」時說：「人的生命亦如蛹化成蝶的蛻變。在生命的初春，我們的期待像毛毛蟲一般單純、美好。但是，這或許不是期待，只是夢。這如夢的期待其實也不愧是生命的饋贈。在期待的溫柔夢想裡我們闖過那叢叢荊棘，這彎彎險灘，那便是期待的力量。」是一份「期待」為蛹化成蝶提供了堅定的力量。

有學生問我：「如何將無生命或無情感的自然萬物寫進文章？」我說：「你若無邪，草木有情。」

我之所謂「無邪」，是針對人性之狂妄而言的。作為高等動物，人很容易將自己凌駕於自然之上，將人之外的萬物，冠以無生命無情感之類的鄙夷態度。

倘若如此，那麼，龐大的自然界無非只是為人類提供了衣食住行的物質支持，此外，別無偉大之處。還有，人也很容易將自然的現象，解釋為「本能」「規律」。如此一來，很多事情就會變得無趣無聊起來——尤其是略懂一點科學的中學生。

一朵花開敗了，可以是花期的結束，也可以是生命的結束；能不能更可以是為了「化作春泥更護花」而毅然離去呢？

倘若眾生平等，倘若你可無邪，那麼，「擬人」本不該是一種修辭手法，而本該就是人在看待自然萬物時的常理常態。你在街心公園裡，聽見一位老奶奶衝著一隻小狗狗喊「妞妞，別發呆了，回家嘍」，你想，她意識到自己是在使用修辭嗎？給太陽畫上笑臉，把樹枝畫成小手，將螞蟻搬家編成故事……我們每個人在孩提時候都曾「無邪」地和自然萬物有情有義地相處著，只是隨著慢慢地長大，很多美好的東西都漸漸丟失了。

這兩年陪兩三歲的女兒看動畫片，讀小人書，講童話故事，越發覺得，自然是個無比神奇的大世界：人，不過是其一部分，一小部分而已；人所有的一切，在它那裡，全都有。你看，每個人都可以在《喜羊羊和灰太狼》裡找到自己的性格，都可以在《海綿寶寶》裡找到自己的夢想……更別說巨大的《動物世界》了。正因如此，《人與自然》才會成為一個如此魅力無窮的電視節目。

蘇軾說：「人有悲歡離合，月有陰晴圓缺。」此話經典，在於人即自然，自然即人，物我相通。

我們常說「借景抒情」，我欲抒情，何以能借景而得？其緣由無非是因為「景自有情」；「道法自然」，我欲說理，何以能借自然而得？其緣由也無非是因為「自然自有其理」。

因此，一枝一葉總關情，一山一水皆是理。

多年前，我在四中創辦校刊《流石》的時候，為刊名「流石」寫過一篇〈流石名記〉，以闡釋刊名之意義及校刊之宗旨。其中一段：

「滴水穿石」，「海枯石爛」，「水落石出」，「中流砥柱」；「明月松間照，清泉石上流」，「泉聲咽危石，日色冷青松」。自古以來，「水」「石」相搏，若洞吹，若洪鐘。記憶中最宏偉壯觀的，當數蘇軾的「亂石穿空，驚濤拍岸」了吧。那是浩浩歷史在接受著最最殘酷的歲月淘洗——泥沙卵石自然要被沖走的；而歷史巨人們卻傲立浪頭，如亂石，直穿空，揚驚濤，任拍岸，縱使多情酹江月，不叫鬚髯成淤灘。百年四中，唯其如此，甚幸甚矣。

水流山石一相逢，便勝卻人間無數；剛柔之間，演繹出風情萬種，詮釋著哲理無窮。

曾聽一位自稱高考專家的人說：「我最討厭文章裡寫些花花草草的了，一旦發現，一律嚴打。」

滑稽！滑天下之大稽！你若是要將花花草草都剔除乾淨，那我告訴你，「紅杏枝頭春意鬧」沒了，「橫看成嶺側成峰」沒了，「飄飄何所似，天地一沙鷗」沒了；〈荷塘月色〉沒了，〈故都的秋〉沒了，〈想北平〉沒了，〈聽聽那冷雨〉沒了；〈雨巷〉沒了，〈致橡樹〉沒了，〈再別康橋〉沒了；〈秋聲賦〉沒了，〈赤壁賦〉沒了，〈滕王閣序〉沒了；李清照沒了，陶淵明沒了，李白杜甫沒了；詩經沒了，楚辭沒了，樂府沒了，唐詩沒了，宋詞沒了，元曲沒了；就剩下政府工作報告了（就連「皇帝詔曰」之前，也還得來一句「奉天承運」呢）。

你敢嗎？你願意嗎？

當人情與風物結合起來，那是多麼美好的事情呀。你讀下邊一篇〈海棠依舊〉：

「春雷驚夢雨沾心，更染窗下，傷春寂寞情。明晨懶起，慵自梳妝，雨落風不停。卻探簷下，海棠卿卿，花若殘妝綠如新。」黑暗中的一聲驚雷，劃破了沉悶的春夜。繼而起了一陣陣的風，吹得大地都涼了下來。這春日的第一場雷陣雨，已是迫在眉睫了。我心裡惦念著海棠花的事，翻來覆去地難以成眠。

淩晨將近，收到柳哥的短信：「暴風雨要下來了！」我忙問他海棠花會不會有事。我盯著手機螢幕，他的回覆卻遲遲不來。窗外雨卻下開了，沙沙地打在樹干上。

春日的校園裡，能開的花並不在少數，而我卻獨愛圖書館窗下的幾樹海棠。

春意正濃的時候，海棠花便打開她一個個裹著粉紅色花苞的小口袋，一絲絲掛於細枝之上，滿樹的星星點點，綴成一大片熱烈的朝霞。及至微風搖曳著花枝，花兒便一點點蕩漾開去，很有點撒嬌的感覺，在陽光映像下，輕輕顫動著。那粉色有點透明，很像調色時往顏料裡摻了水。

上寫生課的時候，我不假思索就徑直朝海棠花走去。我知道以自己的水準畫不好海棠的樣子，不論是她「一樹百枝千萬結」的身姿，還是「多媚生輕笑」的神韻。但我喜歡她的感覺，一如我們現在任性的青春。

「天要陰了呢，海棠怕是雨後就謝了。等不了你完成作品。」美術老師站在身後說道。說完她舉起相機提議：「到花下去合個影吧！」我興高采烈地跑到海棠花下，擺出一副少女嬌羞的姿態。突然想到，以前照相都是這樣刻意嬌笑著，十四歲時拍過一張照片，也是在海棠下。那時連眼眸中的神韻都那麼清清淺淺的，彷彿顏料裡摻了水。

「長大了呵！」我輕歎著。

越是春光明媚時，越容易想到春逝。我很擔心高中生活一結束，那個善感而多夢的季節也就結束了。少年特有的詩意也隨純真的理想一併散去了。於是我很想抓住春天的尾巴，留下點什麼算青春的印記。比如那間將自己定格為一樹春花，比如完成屬於自己的音樂劇。

晚上天氣一直陰沉沉的，躺在床上，似乎有大片的雲層在黑暗中直壓下來。

我翻來覆去難以成眠。心下一直惦著海棠花明媚的笑臉，和十四歲時那張照片。

我幽幽地想著，聽窗外的雨音，點點潤濕自己的心。

在雨水將樹幹沖刷個遍之後，柳哥終於回信息說，海棠花，應該不會有什麼變化吧。

海棠依舊？他的回答竟如此漫不經心。

「莫道雷雨亂，愁在人心中。」他安慰著我。

或許，無論是在雨水的敲打下凋零，還是在少年的微歎中傷逝，花兒早已習慣了一年年的輪迴，今年謝了，明年再開。不習慣的，倒是我們。沒有人能從年少時就安心等待下一世的輪迴吧。

第二日，海棠果然還是那樣，只是更加飄灑了些。風一過，花便謝，沒有一絲留戀，一如雨落。

一周後，再上寫生課，面對滿樹殘花，老師很惋惜。「好在，留下了你的倩影！」老師一邊微笑著一邊幫我把照片拷進 U 盤。我看到，照片中的小姑娘，眉目間的幾分秀氣，和十四歲時並無太大差別。

「趁春色未逝，好好綻放啊。」發送。

不知道那雨是不是還在下，而夢中，那海棠依舊。

另一個學生寫自己和父親的關係，說自己的成長史，就是努力掙脫父親懷抱不斷走遠的歷史；說自己到了十八歲，竟然又開始留戀起和父親相伴的日子來了，忽然明白，自己怎麼逃，也逃不出父愛的懷抱，那是一種寬廣無邊的父愛為自己造就出的溫暖無比的幸福感。她寫道：父愛如山，女兒是小溪。

大山牽掛小溪，於是雕刻出山路十八彎，想讓單純無瑕的溪水永遠圍繞在自己的身邊。然而，小溪並不情願一輩子躲在大山的懷抱，她更嚮往海洋的博大精深。為了逃開這絲縷纏綿的牽絆，她不惜向懸崖縱身，不惜墜向谷底，不惜撞出晶瑩的淚花。

小溪終究會如願的。因為大山的胸懷再偉大也裹不住急流奔馳的步履。掙開了大山的束縛，小溪快樂的心情竟漸漸變得黯淡。是原本清純的身軀夾雜了汙穢不堪的泥沙？還是原本終日耳鬢廝磨的鵝卵石都無法追隨她而來？也許在未知的驚濤駭浪的幻想面前，一切溫柔的記憶都不那麼重要。她還是固執地奔跑，瘋狂地踩著瀑布的足跡衝向大地，無畏地跌得粉身碎骨。

她終於趕在日出之前匯入了大海。她終於看到了傳說中灑滿碎金的海面。

她終於感受到被巨浪托向天際的刺激。但此時的她似乎已經筋疲力盡，滿身傷痛。她才知道，海納百川的氣度是因為流淌著苦澀的血液；她才知道，涵淡澎湃的壯觀是因為有水石相搏的慘烈。她默然地在洪潮湧動中回憶起山泉叮咚響的日子，想起在大山懷抱中的安逸，想起在她愉悅時寂寞深山給她的迴響。

她開始牽掛那個離她已經好遠好遠的大山。他一定還在被遒勁的寒風啄蝕，他一定又放開了許多貪玩的孩子到遠方流浪，他一定在甜蜜的思念中獨享孤寂。

她流淚了。那不是身體的灼痛磨出的淚水，而是溫暖的牽掛浸出的瓊漿。她決定要回去，吸收第一道陽光的能量，乘著第一縷晨風的便車，搭載第一片雲彩的快艇，回去。

她回來了，隨著一片六棱花落在大山的心上，重新徜徉在大山用愛和牽掛編制的九連環中。

父愛如山，用愛盤桓成山路十八彎，用牽掛挽結出水路九連環。我如小溪，在懵懂中逃離愛的懷抱，在牽掛中重拾愛的真諦。

父愛如山，女兒是小溪。

記得很早的時候，讀到過一篇文章，題目是〈大山和小溪的對話〉：

巍峨是大山的肖像，威嚴是大山的華裝，大山常以巍峨和威嚴，顯示它至高無上的存在和生命的永恆。

跳躍是山溪的形影，嬉鬧喧嘩是溪水的性格，她唱著歌兒從大山腳下流淌而過，大山覺得她有點玩世不恭。

大山說：「你不能安靜點嗎？」小溪說：「那我的生命就結束了。」

大山不以為然：「你姐姐也是水，她莊淑賢雅，像個大家閨秀，你怎麼總是瘋瘋癲癲地亂蹦亂跳？」

小溪回答：「她是被你鎖在山環裡一泓漂亮的死水，永遠流不出山巒的閨幃。我不喜歡做姐姐的疊影。」

「湖裡有片片白帆，」大山說，「還有遊人的彩艇。」

「可是姐姐快樂嗎？」溪水詢問大山說。「我怎麼總聽不見她的歌聲？」

「她日子比你過得安閒多了，」大山以洪亮的聲音回答，「多少遊人流戀忘返，多少照相機為她的倩影拍照。」

溪水在亂石中蹦跳著，咯咯地對著大山笑了：「她自由嗎？她能像我這麼無拘無束地撒歡嗎？她知道山外世界的色彩嗎？她——」

大山怏怏不快地打斷了小溪流的話：「你要的是哪家的自由？你瘋瘋癲癲地要流淌到哪兒去？你既生在大山腳下，就該有山的遺傳基因，我站在這兒一動不動，與天上的日月星辰為伍，已然有幾千年了。我看見只有咱們這座大山的後代，最安分守己，最克己讓人，最文明古老，最恪守山規。」

小溪依然笑著，一束束浪語向大山提出質詢：「您是挺高的，高得可以和天穹媲美。可是您看見月亮上有飛船著陸過嗎？您看見過您頭頂上的『太空行人』嗎？」

大山彷彿得了聾耳症似的，反問腳下的小溪說：「你說什麼——你說什麼——月亮上只有搗藥的玉兔和嫦娥，什麼時候有過『飛船』落腳？幾千年來，除了太陽、月亮、星星和雲彩出現在我頭冠之上，再沒有別的東西比我高了，哪兒有過什麼『太空行人』？」

「您的確是太老了。」小溪歌聲裡出現了幾分憂傷，「只知採昔日天地日月之精華，不知吮今日宇宙天穹之甘露，這樣下去，您的靈魂會枯萎的，直到沒了大山的魂魄！」

大山憤怒了，向小溪狂吼道：「站住——你給我停下奔跑的腳步。」

小溪被大山的施威嚇哭了。每束躍起的浪花，都是她晶瑩的淚雨。是的，她生於斯長於斯，山表裡不斷奔湧而出的泉水，是生養她的母體；溝壑中擋路的嶙峋怪石，又賦予她一往無前的勇氣。但是，像遠祖大山那麼僵直、一動不動地站立，與其說它活著，不如說它已經死去。因而，她淚花飛濺地向大山告別說：「不，我沒有姐姐的安分，我嚮往山外的江，山外的河——我要和流淌著的大江、大河並肩挽臂，在流動中燃燒自己，發熱、發電、發光！」

大山急了，向小溪發出最後告誡：「你知道嗎，大江大河最後的歸宿是大海，那你就完全沒了『大家庭』、『山不可移』的本性了！」

「只有流動的東西，生命才能永恆。」小溪的淚雨，化作搖撼山嶽的濤聲，「再見吧——我的遠祖——」

寫得多好啊！像極了一位有些傳統的父親和一位有些叛逆的女兒在對話，在鬥爭。朝氣蓬勃、自由快樂、一往無前、勇於追求的女兒和安分守己、保守落後的父親，發生了人生價值觀的衝突。父親以為女兒瘋瘋癲癲，玩世不恭；女兒評價姐姐雖得安閒卻並不自由。女兒堅信，生命在於不斷地追求，不斷地進取，永不停息，這樣才有意義，也才會永恆。而這一切，於寫作而言，卻並不需要真人出場，有山，有水，就夠了，一切情理已然都在其中。

上個禮拜剛剛帶我的學生去到我的江南老家開展遊學活動和社會實踐活動，記得一個學生對我感慨道：「要是生活在這裡，我何愁寫作啊。」「這裡」，是哪裡？究其與京城之大不同，唯有自然：有山水，有田園；有植木，有生靈；有螞蟥，有青梅……

當然，如果他不能做到「無邪」，那麼，就是活在了「這裡」，他也是枯竭麻木的。這麼說來，重要的依舊是「無邪」之心。有了這樣的心，活在哪裡，都是「這裡」。京城的柳絮，京城的紅葉，京城的酸棗……就是京城的風沙霧霾，不都是可以成為「這裡」的嗎？

你讀下邊劉宇曦同學的一篇文章〈心中開出一朵愛的花〉，你會發現，自然，其實無處不有，無處不動人：

又是一年的春天。

前幾日在書店看到一本書，叫作《我的心中每天開出一朵愛的花》。走出書店，沐浴在溫暖的春光下，仍在細細地品味著這書名中悠長韻味的我，忽然一下就覺得心裡癢癢的，似乎要有什麼，破土而出。

又是一個春日，我坐在迴廊中，看著不遠處一樹桃花笑春風，突然就想起了那個寫下「面朝大海，春暖花開」的人。那是我一直都想不明白的謎題。那麼熱愛生活的一個人啊，怎麼會用那樣的方式離開？著實令人扼腕歎息。我們都曾看到他心中的那朵花在風中歡叫，歌唱著歡快的語句，卻最終，被現實的殘酷抑或是他自己扼殺？

哲人說，上帝在每個人心裡埋下了一顆種子。那顆種子，就叫愛吧。翻開詩詞的歷史，無論是笑傲天下的李白，悲天憫人的杜甫，還是先天下之憂而憂的范仲淹、求得天公降人才的龔自珍，抑或是潯陽江頭離別客、南山悠然採菊人，他們或喜或悲，或憂或樂，都是因為他們對百姓、對國家、對自由、對生活、對這紅塵滾滾花花世界良辰美景美好人間有著太多太多無法言說的愛啊。

他們浸潤在筆墨中的一樹芬芳，不僅香飄千里，更是夾雜著墨香，穿越千年的光陰，令後人心旌飄蕩。

卻為何還是有人不懂呢？他們或被貪欲與執念蒙蔽了雙眼，或被仇恨與妒火蒙蔽了心靈。他們聽不到來自心底的種子渴望陽光的 喊，哭泣的聲音越來越弱，最終一切都歸於沉默。本應是花樹環抱、香蝶翩飛的美景，卻化為一片荒蕪與死寂。這荒蕪與死寂下，埋葬的是種子的屍體，是萌芽，是本應怒放的花朵。這種子其實很脆弱吧。我們要把它好好保存，妥善安放，除去貪、嗔、癡、怒、妒的雜草，驅走恨、仇的害蟲，定時澆水施肥、修剪枝葉，才能讓這種子萌發，茁壯地成長。

上帝對我們的確是平等的，他給每人心中都埋下了種子。但仁於人是不平等的——我欲仁，才得仁；悟於人是不平等的——我求悟，更得悟；心於人不平等——我心美，方能美；愛於人也不平等——我越愛，越懂愛。所以，要用愛好好呵護那顆種子啊，終有一日，我們的心中會開出一朵愛的花。

春天來了。窗外春意正濃，桃紅柳綠，是敲開心中堅硬的外殼的時候了，打掃打掃各個角落，澆澆水，除除草，讓我們一起面朝春日，心暖花開。

晉代著名文藝理論家陸機在其《文賦》中說，寫作須「籠天地於形內，挫萬物於筆端」。一個真性情的人，應該是置身天地的；一篇用真性情寫就的作文，應該是包羅萬象的。

一枝一葉總關情
——我是怎樣作文的

楊謙

北京四中二〇一二屆，現就讀於中國人民大學。高中時擔任校刊主編。愛把玩文字，常陶醉於漢語的美妙，因此也希求自己能夠用那些方塊字營造出深刻的美感；愛我的母校，喜歡在美麗的校園漫步，用校刊記錄了四中的春夏秋冬，是我高中生活中最耀眼的閃光；也愛幻想未來，不喜歡太過平易的生活，即將在人大開始探索經濟的全新旅途，希望在未來的人生路上，能夠不斷自拔更新。

一

佛家說：「一花一世界，一葉一菩提。」

人們習慣從宏觀的角度理解這句話。誠然，「花」與「葉」其實泛指一切細微、美好的事物，但當你細心觀察生活的時候，是不是曾被人類的種種創造吸引了太多目光，只看到許多人化的東西，而忘記了這句佛語最基本的含義呢？

兩千年前，西方先哲亞里斯多德曾這樣告訴我們：「一切藝術、宗教不過是自然的附屬物。」蘇格蘭詩人沃爾特・司各特也曾寫道：「若不是讓畫筆蘸滿天國的七彩顏料，人間的靈巧畫師又怎能繪出斑斕的七色彩虹。」我想，這些聲音正穿越時空，提醒今天的我們：永遠不要忽略自然給予我們的饋贈。

二

讓我們給自己一個機會，從囂鬧的環境中脫身，於細微處去體察自然。其實，這並不像我們想像的那樣複雜，不必遠行，也不需花時間籌畫：經過校園裡的古樹時，稍稍停下腳步，看一看那蒼老的樹枝吐露的嫩芽，思考一下新舊轉換的奇妙；沿著護城河散步的時候，看看那緩緩流動的河水，想起孔子的名言「逝者如斯夫，不捨晝夜」，從而由心底生發出一種敬畏；或者拾起一片枯黃的樹葉，看著它的紋路，聯想它的生命軌跡；又如接住一點雪花，看它在手心裡慢慢融化……總之，自然不在別處，自然就在你的身邊。

三

林賢治曾在散文《看靈魂》中寫道：日落黃昏，雨打梨花，都會被風流倜儻的才子看出血淚來。所謂「相看兩不厭，只有敬亭山」，或「我見青山多嫵媚，料青山見我應如是」，或「一樹梅花一放翁」，都是在看風景時看到了自己。

臨到最後，人總要面對自己。美麗的是靈魂，不是風景。

所謂「一切景語皆情語」，當我們真正開始體察自然的時候，所能窺見的其實是一段段含著「人情」的經歷。

有一年秋天，我在社區裡散步時，偶然看見了一片落葉，它的顏色尚青，大概是被狂風吹落而非自然凋零的。那時我剛入高中，對周圍的環境有許多不適應，曾經的許多「雄心壯志」因為能力不夠而無從實現。我的心裡有些失望也有些不甘，於是我看著這片尚青的小樹葉，寫下了這段話：

我手裡拿著這枚小小的銀杏葉，仔細地端詳，在心裡暗自揣度著它的生命歷程：為什麼沒有等到變成金黃的顏色，就被秋風掃落到了地上。我走到一棵銀杏樹旁，抬頭看那些依然蓬勃地掛在樹上的樹葉，腦中有了一段十分奇妙的聯想：這小小的樹葉大概是不能忍耐那日曬雨淋的寂寞，想要感受一下樹外世界的奇妙，它離開了樹，那個在它眼裡阻礙它遠飛的羈絆。可它有沒有想到，這樣的離開也使它遠離了它生長的根基，供給它生命存在下去的源泉。

呵，我自己也暗暗驚奇了一下我竟然有這樣豐富的想像力。但片刻之後，我又多了點想法：許多時候，我們常以為自己已經足夠成熟，一點點小小的成功總能夠在最恰當的時機到來，滿足我們那與生俱來的驕傲。這樣的巧合時常會發生，到有一天我們都以為這不再是幸運而是實力。我們自信地認為整片天空都是屬於我們，可以任我們翱翔的。我們不會想到有什麼暴風雨——這是我們的雄心壯志。

可一旦離開從前熟悉的環境，才發現原來世界和我們想的不一樣。我看著那片手中的樹葉，心裡想：你感覺到秋風的涼了嗎？

在這個時候，我們就可以作出選擇了：是回到從前繼續同往日一樣生活；還是在風雨中，煉硬自己的翅膀？選擇前者，安逸、平靜地度過一生，也許也很幸福。但我卻在想：經歷過風雨之後的平靜，是不是一種更讓人平靜的幸福？

我輕輕鬆開握著葉柄的手指，看那片綠色在風中越飄越遠。我想，當滿樹綠葉都變成了耀眼的金黃，紛紛從樹枝飄落，它會不會幸福而又驕傲地給同伴講起它在風中的經歷？

這段文字的產生是一個自然的過程，在這個過程中，自然景物只是一個觸發，那片小樹葉輕輕掃過我的心靈，便給了我心中許多無從表達的情感一個最好的抒發方式。

把與自然的邂逅作為一個「緣起」，你大概也能演繹出許多故事吧？

高中時，我們班曾經組織過這樣一次活動：讓班裡的每個同學用一年的時間觀察校園裡的一株植物，記錄它在一年四季中不同的樣貌。

我的同學田九七在這次活動中留下了這樣的文字：

北京四中在一九四八年至一九四九年，國內戰爭期間淪為國民黨兵營，樹木受到嚴重破壞，因此四中並沒有百年以上樹齡的老樹，校園中年齡最長的就應是教學樓正門前的兩棵槐樹。根據樹圍估算，他們可能已有五六十年歷史，俞正聲、北島、陳凱歌或許都曾經在它們的身邊流連；「文革」的風暴、開放的潮流都曾在這樹蔭下翻湧。

我對槐樹最親切的認識，源於我值周的經歷。那時同學們自行挑選值周崗位，我看到有「大槐樹下」一崗，便立即圈點。這應該是眾多站崗位置中最浪漫的一處，我值周的時候便也倍加珍惜，常常觀賞這傘蓋般的大樹。

那是夏天，北京的酷熱是一種鋪天蓋地的悶熱，槐樹下並不比其它任何地方涼爽，但畢竟免除了烈日的苦惱。從樹下看來，這兩棵槐樹似乎也不甚茂密，日光從蔥蘢的葉間流瀉下來，顯得可愛。槐樹的樹皮很粗糙，似乎完全脫離了生命體的細膩，已經石化，如同一種混凝土的質地，就在這樣的鐵樹上，憑空樣地抽出了許多翠色欲滴的枝葉。我想，這樣經歷了歷史風雲際變的老樹，定然會在歲月裡煉成鐵石樣的軀幹吧。但用手撫摸，也是可以感受到它們的溫度的。

九七同學的這段文字確實是為了完成任務的「刻意而為」，但是細緻入微的觀察，由此及彼的聯想，以及從這觀察與聯想中生發出的有關時間的思考，無不蘊含著作者的功力與情感。

如果你沒有那份幸運，始終未能與讓自己有所感的自然美景相遇，那就主動一點，去尋找它吧！選擇一處你愛的景觀，用一個月的時間，仔細地觀察它們，你不僅能夠獲得很多新感悟，大概也能於這繁亂的世界中覓得一片屬於自己的心靈淨土。

四

而當我們走上考場，不得不戴著鐐銬起舞時，那些從自然中得到的感悟，經常能成為我們作文中的「點睛之筆」。

就像我在〈秋風中的隨想〉中所展示的那樣，其實這篇文章的靈感來自我前文所引述的那段文字。看到題目之後，我迅速聯想起曾寫過的文字，於是文章有了開頭結尾，也有了基本框架，剩下的主體部分反而顯得更加簡易了。

我也曾在其它考場文章中把在校園裡觀海棠、在太平洋邊看日出、在學校的走廊裡偶見螞蟻等種種經歷作為支持自己觀點的論據之一，這些源自自然的體驗與思考比起那些古聖今賢來說，更多了些活潑與個性，也更能引發讀者的共鳴。

所以，在考場作文中不管是以自然美景為引，還是以其為據，都能讓容易呆板的考場作文多一些色彩與靈氣。

五

我總覺得，現代生活的匆忙讓我們忘記了如何欣賞自然。近幾年來，人們開始意識到要「保護環境」，但多數的「保護」其實並非尊重，而是用人的思維，把人的創造扔在自然中，希求用更先進的人造物彌補落後的人造物所犯下的錯誤。

「一花一世界，一葉一菩提。」讓我們再重溫這句佛語。先別忙著改變吧，讓我們從體察開始，用心靈去感受這枝枝葉葉間所包含的有情眾生。

秋風中的隨想

楊　謙

初秋，樹枝上的葉子已有些泛黃，但仍頑強地抓著枝條——那是它們賴以為生的家園。風徐徐地刮著，送來讓人陶醉的涼爽。我的眼前偶然出現了一片綠影，定睛一看，原來是一片還綠得發亮的樹葉。

我輕輕拾起它，仔細端詳，心中暗暗疑惑：它為什麼早早離開了供養它的枝條，獨自在這秋風中闖練？它難道不怕這路上遇見狂風暴雨讓它零落成泥？

恍惚間，我心中一驚，這份疑惑好像似曾相識：我曾在讀《句踐滅吳》時想句踐最初為何要討伐吳國，若他不出兵，又怎會有後來為奴為僕的恥辱？我曾在唐招提寺門前想，鑒真和尚為何一定要遠赴重洋，若他留在盛唐做一名高僧，又怎麼會顛沛吃苦以致最終失去雙眼？我曾在聽杜普蕾音樂時想，她為何一定要在每次演奏時都拼盡全力，若她肯節省自己的體力，又怎會在二十八歲的青春年華就患上關節硬化而不得不離開自己熱愛的音樂？

可當我讀到句踐滅吳後終成一代霸主的語句時；當我看到唐招提寺那樸素得讓人沉靜的建築時；當我聽到杜普蕾演奏的每首曲子中飽含著的熱情與生命力時，我明白了，我找到我所有疑問的答案——他們有所求。

他們心中的所求可以讓他們為之付出一切代價，而這追求的過程定是幸福的。這其中的苦難與挫折在這些追求者看來，也終將是甜的。

當句踐終成其霸業時，他不會後悔自己最初的選擇，即使他曾臥薪嚐膽數十年。當鑒真帶著那雙盲眼躺在他鄉簡陋的臥榻上時，他不會後悔當初東渡的決定，因為他實現了自己最初的所求。如果他能知道百年後他帶去的那禪意已融入那個民族的靈魂，他一定會自豪地微笑。當再也不能演奏的杜普蕾聽著自己曾經激情澎湃地彈奏過的樂曲，她也一定會被那樸實純粹的樂曲感動。

我看著手中那片尚青的樹葉，輕輕鬆開了握著它的手指，目送它隨著秋風飄遠——你肯下定決心早早離開家園，獨自漂泊，一定也有所求。去吧，去追求你的理想，去經歷這一路的榮譽與恥辱，甜蜜與痛苦。

待到深秋，葉落歸根，那一片金黃的枯葉中，我一定能聽到你驕傲的訴說。

初秋時節，真的是有些葉子，在它還算青綠的時候，就落了，這是大多數寫秋風落葉的文章所未提及的事情。人們習慣於用凋零、衰萎、枯黃等形容死亡和破敗的詞彙，來觀照秋葉；當然，人們有時候也願意用金黃、血紅、絢爛、華美等鮮豔無比的詞彙，來表達「我言秋日勝春朝」的豪情。實際而言，這兩種看法都有失偏頗。

秋日之落葉，有枯萎的，有金黃的；但是，更多的落葉，是黃中帶綠的；在初秋時節，更有依然全綠著的葉子，搶先從枝頭墜下。這個，楊謙同學發現了。「它為什麼早早離開了供養它的枝條，獨自在這秋風中闖練？它難道不怕這路上遇見狂風暴雨讓它零落成泥？」她不但發現了，而且思考了。

可貴的是，楊謙同學並沒有從生物學本身去想這個問題，而是聯想到了人。

有那麼一種人，「他們心中的所求可以讓他們為之付出一切代價」：句踐、鑒真、杜普蕾……

由葉事，想到人事；葉如其人，人如其葉。這是書寫自然的必經之路。

「去吧，去追求你的理想，去經歷這一路的榮譽與恥辱，甜蜜與痛苦。待到深秋，葉落歸根，那一片金黃的枯葉中，我一定能聽到你驕傲的訴說。」

黃春

用心生活，萬物可詠
——我是怎樣作文的

張嘉俊

北京四中二〇一二屆，現就讀於北京師範大學。

不才蓬萊張嘉俊，冠字自牧。幼學於盧溝曉月，啟蒙於西山晴雪，承習於瓊島春陰。於枕流漱石間，讀《南方周末》而察世事之多艱；松柏銀杏下，從生物競賽而覺自然之妙理；春華秋實中，承師長同窗而悟四中之風骨。醉心讀書，熱愛音樂。生活中總難免種種無奈，重要的是做自己喜歡的自己。堅定心中的信仰，哪怕身在黑暗，也要心向光明。

對學生時代的我們來講，寫作有兩種，一種叫寫字，一種叫作文。寫字，自由度很高，想寫什麼都可以，這種無章法，對寫字的人來說是一種放鬆，是一種解脫，但這種無章法也是寫字的弊病，這種弊病將反映在作文上。作文，顧名思義，那就是有一個框框，你要在框框內作一篇文章，要有層次、結構、邏輯。對於經常寫字的人來說，作文卻也可能成為一種困難，因為習慣了無章法的寫字，面對作文難免有點手足無措。我上高中的時候，寫字和作文都有困難，每天在課桌前坐下來，都有寫字的衝動，翻出紙筆，卻又不知道從什麼寫起。這樣磕磕絆絆、勉勉強強地竟也寫了不少東西，而這些東西和靈感，卻又似乎總是不能運用於作文當中。

轉眼已經上了大學，站在現在回顧過去，發現其實高中時候我面對的問題就是「寫什麼」的問題，而關於這個問題，我現在也有了一點想法，願與讀者相商。

一、光

高中住校，宿舍在東邊，校園在西邊，每天清晨從宿舍到校園要走十分鐘，在晴好的日子，陽光就在身後一路陪伴著我。教學樓東側是一個外置式樓梯，站在樓梯最高層，轉身回望東方，所有建築都被染成了富麗堂皇的金色，那時候心中真的有一種感動，清晨的陽光是那樣一種溫暖而不刺眼，聖潔、光輝，把一切照亮。眼望著眼前的一切金色的建築，連心裡都充滿了光明。這光明難道不值得我們詠歎嗎？這樣的光明難道不恰恰可以照進我們的作文嗎？只要，你沒有匆匆地闖入教學樓，而不曾在樓梯的頂層轉身。

如果有夜裡坐飛機返京，或者類似的原因而能夠有目睹深夜北京的經歷的話，我想你一定不會忽略街兩旁的路燈。一根根燈柱像極了一束束火把，照亮了夜空，是否也照亮了歸家的人們的心？在黑夜燈火輝煌的大街上，看著路燈如同虯龍一般蜿蜒向前，難道不會感慨，這便是一座城的繁華？這夜裡的燈火，讓人聯想起城市的繁華，是否也讓你不禁想到繁華背後？在燈光下飛馳而過的汽車尾燈，又是否讓你想到在這城市中快與慢的糾纏？街燈，實在是太尋常的生活對象，卻不正應當出現在我們富有生活氣息的作文中嗎？

若你開始關心、開始尋找光在生活中的絲縷痕跡，相信你很快也會注意到生活中無處不在的影。夏天的林蔭道上，你會留心從枝葉間偶而透過的一片光，為那樣一種美感動，你也會注意到地上的影，在暑熱中感受到一陣清涼。光，無處不在，用心生活，便能發現生活中無處不在的令人讚歎與感動的光，倘若沒有光，那只是光化作了影，用另一種形式，讓我們體味美好的生活。

二、水

古往今來，我覺得水就是一個最好的寫作對象，首先是因為水具有豐富的形態，可以是雨、雪、冰，可以是江河湖海，還可以是一眼泉，一汪小潭，這就讓人有了非常廣闊的寫作空間。其次，老子給水賦予了人格，「上善若水，水善利萬物而不爭」，「而攻堅強者莫之能勝」。因此，借水詠懷，也成為自古以來作文章者的一大選擇。除此之外，水在固、液、氣三態之間的轉化變動過程，又具有著良好的比喻意義和效果，也是我們可以尋找、品味之處。

關於水的文章，有不少是覽勝抒懷，譬如到了海邊，眼見大海之浩瀚無邊，自然生出一種宏大的心境，於是可以藉此心境抒發內心的豪情壯志；又譬如尋得一處清泉，自然有種身心寧靜愉悅之感，於是可以藉此抒發往日陰鬱，又或可以藉此表明人生尋求寧靜之態度。大凡此類文章，確需用心體會方能得到，但難免有人會從這類文章裡看出一點眉目：似乎寫作此類文章，具備旅行的經歷才是關鍵。其實不然，記得很久前看過一篇文章專門論述此事，得出的結論是，寫景文章寫得最好的，都是寫未去過的地方的文章。總的來說，這類文章距離我們的平常生活稍顯遙遠，下面我還是來舉一個身邊的、與生活緊密相關的例子。

大約是個很冷的冬季，還是那座樓梯，在樓梯一層的出口處，地面上結了一層並不太厚的冰，人來人往，幾乎每個人走過都會踉蹌一下，差點滑倒。等我從外面辦事回來，看到這塊冰已經化得差不多了，而化成的水中還散佈著一粒粒如雪花如冰晶般的白色小顆粒。和朋友討論過後，得出那是保潔阿姨灑的融雪劑。於是，更覺那一灘融水中的顆粒晶瑩美麗。從冰化成水的一個簡單過程中，我們都不難發現生活給予我們的美好與感動。

三、空氣

每當聽到關於作文的不知如何發現素材，不知道該寫什麼的抱怨時，我其實是會條件反射式地想到在諸多文學和影視作品中的關於空氣的一種比喻，這種比喻把空氣的特點很好地總結出來了，那就是：它存在我們身邊時，我們甚至不會感覺到它的存在，而只有它不在了的時候，我們才會猛然意識到它對我們的重要。

上面其實已經是空氣可以寫進我們作文的一個優勢條件了。這裡我想換個角度，就像水有著三態變化一樣，空氣似乎無形無相，但是運動的空氣就成為了風，而讓我們可以感受得到。朱自清寫春，不就把春風比作「母親的手撫摸著你」嗎？通過空氣這樣一個例子，我們可以最好地證明，生活中最被我們忽視的事物，也可能具有豐富的變化，可以讓我們從中發現各種感動。

還有一面，我們還可以對空氣作分類，這其實是今年才可能有的寫法。我們有好空氣也有壞空氣。如果你經歷過那場席卷華北的沙塵暴的話，如果你經歷過那幾乎遍及全國的霧霾天氣的話，你一定可以理解，向窗外望去，只見滿天黃沙與灰霾的那種心情，糾結、痛苦、抑鬱、難過。如果恰好你又曾漫步深山老林，呼吸過那種沁人心脾的空氣，你一定會從這迥然相異的空氣中，生出一些思考。而這些思考，一定會在你的作文中放出光芒。

四、生命

有了光、水和空氣，就具備了出現生命的全部條件。生活的豐富與美好，其實與生命形式的豐富與美好有著密切的關係。

記得有一次，教室窗外的桃花開了，我們的語文老師在課上特地給我們三分鐘的時間，透過窗，去看窗外的桃花。只是現在這樣寫出來，便也覺得有幾分詩意。記得那年看過一篇閱讀，講的便是傾聽一朵花開的聲音，有過看窗外花那樣詩意生活的經歷，我們便不難理解文章作者傾聽花開的心境。

豈止是花，路邊的草，難道不能入詠嗎？今日路邊之野草也好，綠化用草也好，必定與古時「野火燒不盡」之野草不同了吧？今天的小草，不正有著對今天的生活的啟示意義嗎？樹上的葉，難道不可贊許嗎？除了襯托紅花的奉獻精神，我們難道不能從一片葉本身的脈絡，抑或承載一滴露水這方面去感受一片葉子嗎？而我們又是否留意過，有些葉先於花生長，為開花結果提供養分，而有些花，在春天葉未生長之時便已經迫不及待地綻放？你可曾盯著池中的魚兒發呆？又或者為貓狗的萌態觸動？

生活之所以豐富，在於我們一定要願意花時間生活，莫要在向著終點匆忙地奔波中失去了生活的能力。用心尋找生活的美麗，終有一天，你會為萬事萬物而感動。

飛得更高

張嘉俊

「我要飛得更高，飛得更高，翅膀卷起風暴，心生呼嘯；我要飛得更高，飛得更高，狂風一樣舞蹈，掙脫懷抱；飛得更高……」聽著這樣一首歌，我踏上青藏高原，在這裡，我見到了這種神奇的生靈。

鷹，被藏民視為與上天溝通的使者，甚至神明。鷹確實是一種讓人心神搖曳的生物，當它張開雙翼在天空中翱翔，站在地面上的我就有一種彷彿被天上的神明所注視的感覺。在我眼中，它是如此雄健，而在它高高在上的眼中，我只是眾多渺小之一。鷹有權俯視人類。

當地人告訴我，小鷹在生下來之後並不會飛，當它在窩中長大到羽翼豐滿了，老鷹就會將小鷹從懸崖之上的巢中踢出，小鷹就會墜入萬丈深淵。此時，小鷹只有兩種選擇：學會飛翔，或者死亡。大多數鷹選擇了前者。

這在我看來似乎不可思議，老鷹也太狠了一些。作為父母，怎麼能做出這樣的事。但當地人又告訴我，這是鷹的高傲，在死亡面前也不能自己學會飛翔的幼鷹，即使被教會了飛翔，在未來也無法作為食物鏈的頂端而存在，甚至可能被同類吃掉，老鷹看似心狠，其實也是為幼鷹著想。當然，也有著自然法則的殘酷。

確實，自然就是這樣不留情，不僅對小鷹，也對老鷹。我想起聽到的一個故事，老鷹在第一次活到衰老將死之時也面臨兩個選擇：要麼自殘，要麼死亡。而事實上只有少數老鷹會選擇前者，它們在岩石上忍痛磕掉老喙，等新喙長出，再用新喙拔掉全身的羽毛，拔出每一根爪趾……在流血、劇痛之後，它們將不同於那些甘心老去的鷹而獲得新生，新生的它們將擁有更堅硬的喙，更強有力的爪，以及，飛得更高的可能。

從學會飛翔到忍痛重生，鷹的兩次蛻變，都帶來巨大的成長。但是這兩次蛻變，卻都面臨著死亡的威脅，能支撐鷹這個族群活下來的是什麼？是一種執著，對生的執著，對飛的執著。

對於人而言，這種執著就應該是一種精英意識，就像小鷹選擇飛翔，老鷹選擇重生一樣，我們也許不會面臨死亡的威脅，但各種各樣的困難卻會不時阻擋我們前進的腳步。當面對困難，我要選擇堅強，用執著的信念去克服它，就像鷹一樣。

萬物皆可為師，鷹教給我的就是執著進取，永不退縮。「翅膀卷起風暴，掙脫懷抱，我要飛得更高。」沒錯，還要飛得更高，這是鷹的信仰，現在也是我的。

「以……為師」。「以誰為師」？「以鷹為師」！

張嘉俊同學在青藏高原見到過傳說中的雄鷹，不僅見到過，還探聽過有關鷹的故事。我想，他是被這「鷹的兩次蛻變」的故事深深震撼了的，以至於那高原雄鷹，竟能像師長一般，長久地活在他的記憶裡和心靈裡。他從此懂得了：

「萬物皆可為師，鷹教給我的就是執著進取，永不退縮。」文章沒有過多地寫自己的思考，沒有糾結在「鷹師」的教誨中不可自拔，而是重在講述，重在將「鷹師」的兩次蛻變，向讀者一一說來。這是一種很高明的寫法，有道是「言傳不如身教」嘛，將「鷹師」講述清楚了，講述動人了，「身教」也就順理成章水到渠成了。

在寫這類「以自然為師」的話題時，最容易犯的毛病就是慣用諸如「它告訴了我」、「它教會了我」、「它使我明白」、「它使我懂得」的段落，直接將自然作為老師，然後一大段一大段地開展「言傳」，同時表示「頓悟」。那樣並不好。

黃春

落日餘暉

武鑫

北京四中二〇一二屆，現就讀於南京大學。
從北京到南京，一千兩百公里的距離隔開了我生活了十九年的地方，
也讓我成了那個一邊流覽著別人回四中遊玩的照片一邊流口水的可憐孩子。
我不是一個足夠精彩的人，我愛這個無比精彩的四中。

已經很久沒好好地看過夕陽了。每天，當我終於在上課和學習之後抽出一點點時間在校園裡閒逛時，太陽早已經下山了。印象裡，也沒有多少次關於夕陽的記憶，最深刻的一次已經是很多年前了。可也就是那次那天那時的那一輪夕陽，在我的心上烙下了永不磨滅的印記。

車行駛在公路上，我透過車窗向外一直張望。藍色的天幕上逐漸有一抹紅色由西邊蔓延而來——那，是太陽的光輝。太陽慢慢地向下沉，向下沉，似乎被什麼東西抓著，不可抗拒。然而那橘紅色的光輝，以更加勢不可擋的力量向外擴散著、擴散著，直到染紅那半邊天幕，直到公路旁那一馬平川的莊稼地也披上金燦燦的衣裳。你，是想要回到天幕上嗎？你，這個主宰一切生命的天之驕子，想要抗拒這每天必然逃不過的命運嗎？可是，即便是你，也只能在激烈的反抗中默然退卻吧。心裡這樣想著，卻不禁有種衝動，希望那太陽可以回去，希望它可以成功地抵抗命運。

越來越低了，越來越低了，我幾乎可以平視太陽了。天幕上的光輝終於慢慢斂起，這華麗的衣裳終於還是被灰藍色吞沒，直到只剩下那一輪水潤潤紅彤彤的夕陽，直到那夕陽終於慢慢在地平線那裡隱去。

原來，每天的周而復始，都是以這樣華麗而隆重的儀式收場，又以另一種華麗而隆重的儀式開幕的啊！可是這隆重的每一天，我卻只是麻木地看書、玩、看電視……我想，太陽一定是有生命的，不然，它怎麼知道要這樣認真而隆重地對待每一天呢？太陽，一定是有感情的，不然，它怎麼會在天幕上遲遲不肯離去地凝望著這一片在我們看來稀鬆平常的土地呢？太陽一定是堅強的，不然，它怎麼會反抗命運反抗得那麼激烈，直到半邊天都布滿了它掙扎的痕跡呢？

然而，這一切的認真、深情、堅強都不是我最為之震撼的。我最震撼的是它竟然可以離開得那麼偉大而壯烈、那麼豪氣干雲。我希望，我也可以以那種方式死去，我希望我也可以死得有骨氣，死得坦然，死得壯烈。其實，「死去」並沒有那麼可怕，夕陽教會了我——只要你的生命價值實現了，你就可以決絕而坦蕩地離開，絕不後悔。

現在的我、將來的我，都會記得好好珍藏這一輪夕陽，都會記得，要帶著它，去實現生命價值；要帶著它，為著我的理想奮鬥。

看旭日東昇，望夕陽西下。儘管寫日出的文章要多得多，但寫夕陽，也並不是什麼新鮮的選擇。不過，借有些衰頹的「夕陽」，來寫這麼昂揚的主題，還是很少見的。

夕陽的昂揚，表現在哪兒？

「以這樣華麗而隆重的儀式收場，又以另一種華麗而隆重的儀式開幕。」作者以為，夕陽是有生命的，有感情的，是堅強的。尤其是「它竟然可以離開得那麼偉大而壯烈、那麼豪氣干雲」，實在是讓作者為之震撼。

這就是夕陽的昂揚，這份昂揚，傳染給了作者武鑫同學：「夕陽教會了我——只要你的生命價值實現了，你就可以決絕而坦蕩地離開，絕不後悔。」一個人要從自然中獲取一點感悟，其實不難。可遺憾的是，忙忙碌碌或是自以為是的我們，儘管生活在大自然中，卻很少願意將目光投向浩瀚的大自然。

武鑫同學也是這樣，只不過是在一次偶然的時候，「車行駛在公路上，我透過車窗向外一直張望」，她才發現「藍色的天幕上逐漸有一抹紅色由西邊蔓延而來……」好比川端康成，「淩晨四點醒來，發現海棠花未眠」，「花在夜間是不眠的。

這是眾所週知的事，可我彷彿才明白過來。

你呢？

黃春

感悟自然

秦勁風

北京四中二〇一二屆，現就讀於北京大學。
高中至今一直追求玩兒心與學術心二者兼顧，打得來DOTA也做得來學霸，
並且在寫作中逐漸摸索出了一點自己的路數。成績什麼的不敢自己妄加評判，
在寫東西的這樣一個過程裡終歸還算樂在其中。

不知從何時起，春遊秋遊的目的地就鎖定了市郊的某一片山水，於是每每總會有那些將手機筆電武裝到牙齒的同伴怨聲載道。同樣不約而同的，每次的動員會上，老師們總免不了那句「放鬆一下，難得有機會親近一下大自然」。

置身鋼鐵森林的環繞之中，我們被推著跟著生活流向前走，有些渾渾噩噩地度日——也許這樣的生活狀態長久下去，我們某日或許會發現醒來的自己身背堅硬的甲殼，變成那隻《變形記》中外強中乾的甲蟲。

於是我們難得地走入自然，將種種桎梏拋在身後，全身心地體味感悟蘊藏於大自然的智慧，牢記自己的人生道路究竟緣何出發又將指向何處——最重要的，以無比渺小的我們的目光，去仰視造物主之無盡寶藏。

曾經去過海南，印象最深的莫過於蜈支洲島的那一片美不勝收：藍天、碧海、沙灘……也許在這一方天地面前任何語言都未免顯得貧瘠。還有那裡的人們：他們像原著民一樣生活，嘴裡令人感覺異樣地嚼著檳榔，衣著上沾染著像是洗不透的汙濁，黝黑的面容似乎也讓人幾許不快——然而就是這樣一群可以被我們隨心所欲定義為落後不開化的人們，讓這片海域保有著自誕生之日起的蔚藍，

令這個算不上與世隔絕的島嶼依舊留存著令我們心馳神往的東西。也許，將恣意染指視作不可觸碰的禁地，從來不是什麼落後。

也曾到過上海，高樓聳立，燈火輝煌，人類建造者的傑作。可我真正記住的是黃浦江，一條承載了有關這座城市的一切幻想與現實卻混濁得與泥漿無異的河流。我不知道這混濁之上船隻氾濫到以至浮誇的燈火與背景中無不突兀的高塔們是如何讓那麼多人對外灘抱有種種不可名狀的憧憬，我只知道為了賣弄不惜將自己的生命之源玷汙之舉不啻為褻瀆。「尋尋覓覓尋不到活著的證據，都市的柏油路太硬踩不出足跡；驕傲無知的現代人不知道珍惜，那一片被文明糟蹋過的海洋和天地」，沒多少年前，那個「水手」這樣唱著。

暫住大堡礁，向世界介紹這裡的美麗——曾經這份「世界上最愜意的工作」引來無數豔羨的目光。我在想，也許這工作真正的愜意不僅在於玩樂之間的閒適，更多的，我們可以全身心地投入自然的懷抱，懷著自然之子的景仰，在遠離人群之中找回自己，在帶著鹹味的空氣中自由地呼吸。

以環保為主題的作文，是越來越多了。

秦勁風同學的這篇文章，並沒有直截了當地替人類自己的生存前景來呼籲人們保護環境，而是帶著對自然的敬畏之心，在講述人和自然的故事。從學校郊遊，說到自己的旅行；從南海的純樸，說到黃浦江的汙濁；從鄭智化的歌詞，說到大堡礁的職業。

正如標題「感悟自然」那樣，作者並沒有將自然視為人的附屬品，而是看成人類成長的教材。他的所有對於環境問題的思考，都是在自然面前的真切感悟，並上陞為對人類自身的生存困境的憂患。

中國哲學講究「道法自然」，的確，自然就是一本最好的教科書。

黃春

格調

黃文蕾

北京四中二〇一二屆，現就讀於香港理工大學。

寫點兒東西，是一種反思，現在回想以前那麼多次動筆前在腦海搜刮的過程，想起很多我本來忽視掉但很有意思的事，那些時候快樂總比痛苦多吧！重點不是寫了多少字，而是為此都想了些什麼。遠離作文後的一年過去，突然覺得再不好好想想，我真的要成行尸走肉了。寫作帶給我一種失去後才知追悔莫及的東西：存在感。

松柏的格調是堅韌。嚴冬時唯一有足夠的枝葉掛得住雪的樹。曾經觀察過它的葉，是一根根鋼針，在新的葉長出來後落在地上，綠色很暗，現在想來彷彿感覺到扎手。

就像在寒風中屹立的守衛者，沉靜、肅穆。然而有一次，在高速路旁看到的樹，卻給我完全不同的感覺。同樣是冬天，它們排列在公路兩旁，枝乾和其它此時的樹毫無區別，枯乾發黑，像是破舊的歪斜的傘架。然而就在這枯乾頂端，樹冠上竟有毛茸茸的綠色，那顏色就像春天黃楊抽出的嫩芽，以一種不可思議的方式連成一片，從疾馳的車中看去，就像一大片嫩綠的雲在路邊飄拂。

後來聽說，這樹平常就像枯死了一般，卻偏只在冬天，樹頂上長出細密的小葉子。想起那時的景象，在凜冽冷風中飽經苦難的樹，枝乾枯乾，可那綠色就像一個微笑。關于堅強，一直是松柏的格調，然而對於這樹，卻不是僅一個肅穆堅韌便可形容得了。那是嚴寒和苦難中爆發的生機，柔弱卻堅強，它的格調，是整個生命綻放的美，那種力量足以深深震撼和感動過路的人。

這一切總是讓我想起一個人。我那執意在冬天穿薄裙的老師，一直覺得她很活潑、愛笑，對於大冷天穿裙子，終於有人忍不住問她，難道不冷？她笑說，堅強的女人才美麗。在同學的隨筆裡，她寫：「我失去過父親，失去過我愛的人，失去過我愛好的寫作，作為一個人，在那時我一無所有。但我還活著，並且愛著。」

深棕色的海藻般濃密的長髮，淺色的髮夾，高跟鞋，辦公室桌上清香的花束，精緻的茶杯、方糖、小書簽，她在過精緻的生活，即使苦難曾讓她一無所有，即使虛弱的心臟有時甚至難以支撐她的身體，她依舊平靜樂觀地面對這一切，不讓自己被任何沉重的陰影遮蔽，並且還告訴她的學生，生活可以那麼美好，那麼精彩。這是她生命的格調，沒有任何苦難能夠阻止綻放的美。

就像瓦西里耶夫筆下的冉卡，在那個戰爭的年代，用一把幾乎廢掉的琴讓女兵營裡充滿歌聲和歡笑，即使是面對著殘忍兇悍的德國兵，在那孤注一擲的決戰前的黎明，仍認真地梳理好那令她驕傲的鬆軟的金色卷髮。當女兵們的〈喀秋莎〉響徹沃比湖畔的叢林，沒有任何痛苦和絕望可以踐踏毀滅那種美。

這就是生命的格調，掙脫苦難的泥濘並超越了一切苦難，最終迸發出生命的光彩。

書寫「堅強」，從一棵松柏寫起，這原本是老生常談，不足為奇。

但是，黃文蕾同學將「堅強」的品格（或精神），定義為松柏的「格調」，這就很新鮮了。要知道，「格調」和「品格」（或精神）很是不同的。「品格」，更多的在乎「理」；而「格調」，更多的在乎「情」，在乎「趣」，在乎一種生活態度和生命境界。「品格」（或精神），只是過程，只是手段，只是達成另一專案的所需的動力；而「格調」，其自身就是結果，就是目的，就是終極追求。

好比女兵們唱著《喀秋莎》，梳理著她們金色的卷髮，這絕無益於戰爭，但成就了生命的美麗。好比老師的茶杯、方糖、小書簽，這也絕無益於教書，但成就了生命的精緻。

於此說來，當一個生命將自己的堅強，演繹成「格調」，那就提升了生命的境界。

黃春

孤芳自賞

劉安然

北京四中二〇一三屆，現考取北京林業大學。

臉圓所幸下巴尖，眼大不導電，鼻子對食物氣味最敏感，嘴略賤。右手寫字就忍不住把字寫飛，畫圖尚可。相當固執，敏感，雖然一直努力表現出親切但是總讓人覺得自帶殺氣……其實我是真的很親切。雖然在任何方面都是爆發力型選手，但由於目前正幸運地接觸著自己喜歡的領域，所以正為之努力克服懶散。就這樣。

誰都沒有發現，這片土地裡埋藏著一顆瞌睡的種子，做著亙古以來不變的好夢。香氣彌漫的朦朧中，有蝴蝶的色彩，蜜蜂的喧騰，欣賞著花叢的詩人口中低吟著未知的詩歌。

一場春雨，新芽出土。雲彩記住了她天真的一笑，螞蟻一家也為這新生命歡呼。

昂起稚嫩的花苞，她尋找著過往的夢。然而，白雲被帶去壯闊的山川大河間，遺忘了平凡的新綠，螞蟻未能為她停下焦急搬家的腳步。

蝴蝶不經意間的一次回眸便令她急忙擺動枝葉；蜜蜂成群結隊而來，她用盡力氣晃動鮮嫩的花苞。可惜，蝴蝶只留下優雅的背影，蜜蜂帶走了久違的喧騰。孤獨的過路詩人有一雙浸滿憂愁的眼，在她身邊踱步，她再也沒有勇氣看詩人眼中的輕蔑。

霎時，狂風四起，白雲被點染了墨。風呼嘯而過地威脅著要將她連根拔起。沙粒、石塊不懷好意地推搡她的身體，豆大的雨滴一點點將她砸彎了腰。借著瘋狂的雨水，不知她是否在傷心地啜泣，沒有誰能告訴她，是否再去追那回憶中的美好，朦朧的夢。

烏雲滿足地離開了。她低頭審視著自己：飽滿的葉，柔軟的莖，水窪中還倒映著花苞婀娜的影，感受到頭頂陽光的暖意，她努力掙開花瓣，隨著滴滴雨珠的飛濺，她能感受到一股奇異的芬芳。

太陽東升西落，她隨著它的韻律，踩著腳下的一分土地，抖擻著一身綠葉，向天空綻開自信的笑。空曠的大地上，飄蕩著的是與香氣相伴的誠摯的歌：

優雅的蝴蝶，我很遺憾，不能給你起舞的一片背景。

勤懇的蜜蜂，我很遺憾，不能給你貢獻一份溫飽。

憂鬱的詩人，我很遺憾，沒有清麗的景致掃清你的愁怨。

然而，

我的生命只是為著與蝴蝶媲美的絢麗？

我的成長，難道僅僅以一份蜜汁為目的？

我的色彩、努力、在風雨中的堅持，怎可能依託於詩人的一句感慨？

在夢中，朦朧的美好有個名字叫作「欣賞」。

也許，單純美好的欣賞是花的生命得到的最高讚譽。

但是，我所擁有的是珍貴的勇氣，我欣賞我自己。

給暖人的微風送去芬芳，為慷慨的太陽綻開微笑。

在水中欣賞自己的姿態，在風雨中欣賞自己的堅定與成長。

我為自己用自賞編織了另一份獨特的夢。

花瓣飄落，仲夏的風送走了最後一縷歌聲。躺在泥土中，她看到一粒瞌睡的種子，不知正做著怎樣美麗的夢。

寫這種文章的人，大抵都是帶著幾分自傳色彩的。人與物，合而為一。你讀的是種子，是花，但你眼前浮現的，是作者，是人。

古詩中有一類叫「詠物詩」，就是這個道理。「粉身碎骨渾不怕，要留清白在人間」的，是於謙自己；「零落成泥碾作塵，只有香如故」的，是陸游自己；「中通外直，不蔓不枝」的，是周敦頤自己。本文裡，「孤芳自賞」的，是劉安然自己。

托他物，詠己志。我們感謝劉安然同學將「孤芳自賞」寫得這麼生動，寫得這麼高尚。這當然要歸功於作者對於自然的細緻觀察。這種觀察，和一個路人欣賞一朵小花的美麗，是不同的；和一個生物學家研究一朵小花的形態，是不同的。它需要一個人對自然願意傾心關懷，願意擬人看待，願意將自己假想為對方，才可。

這樣，一粒最平凡的種子，也可以做著最美麗的夢。

黃春

「心」賞

王佳一

北京四中二〇一二屆，現就讀於香港浸會大學。

我對「光」與「火」有著一種天生的愛。我努力追求一種狀態——敞開自己的內心，好像要把自己完全暴露在陽光下而沒有一絲陰影，把握住生命最真實的存在。不難發現，對光明的讚頌是人類永恆的話題，我相信每個人心中都有一團火，這是人性的相通處，護住它，星星之火，可以照亮整個世界。

今年的春天來得遲了些，但滿園的嫩芽也阻擋不了我觀察拍照的熱情。記得地理老師也曾留過這樣一個作業，既能完整記錄植物的開花過程，還能欣賞到美景。我抱著這樣一舉多得的心理開始了拍照的征途。

記得那些日子，我狂熱地每天攜相機遊走於校園，生怕錯過任何一處美景。連翹率先開放，綻放出明豔的金黃色，真是可愛；一樹樹的玉蘭開滿了乳白色的花朵，有種壯觀的美；那本與雜草沒有區別的小麥終於長高並且出穗了，那是豐收的美！

然而，我花了如此多的時間，如此細細觀察，但仍被這些種類繁多、蔓延迅速的植物打敗了。就在我天天觀察的紫丁香旁邊，垂絲海棠突然出現的花苞就令我猝不及防。還顧不上這邊，校長室光禿禿的牆壁早已被大片濃密的翠綠覆蓋，而那一串串紫藤蘿也安然地掛在望月臺上。還有松樹的換葉，草叢中滿是的蒲公英我還沒來得及觀賞，就完成並且逝去了。我不僅沒能照到完整的組圖，本來想去欣賞的好興致也消失殆盡。

後來索性不拿相機了，仍去校園中遊走，只是顯得有些漫無目的，隨性而為。腳步也放慢下來，這反而讓我欣賞到更美的風景。

又是熟悉的一樹樹玉蘭，可現在已經花落人空。前些天盛開時那一派熱鬧的場景早已消散，只剩下一個鋤草工人在那裡彎腰勞作。這不禁引發一種悲涼之感，有了黛玉葬花那樣道不盡的哀愁。過兩天又經過這裡，花已不復返，綠油油的葉子已經取而代之，又是一片生機勃勃的景象。無須為花開驚喜，也不必為花落傷心，因為生命永遠在繼續，我們總會看到新的生機。人生亦如此，代代相傳，生生不息。

不知多少次經過月季花的小道，那天看到它們時竟覺得那麼熟悉。我剛入學時也是這樣一派月季繽紛盛開的場景啊！「年年歲歲花相似，歲歲年年人不同」，想那時的我剛剛經歷新入學的喜悅，還是有些單純與稚嫩。如今，有了幾番艱辛的體味，也越發成熟、穩重了。不再因學習上的小事悶悶不樂，開始規劃著理想與未來並為之努力付出。不知這一枯一榮周而復始的月季花承載了多少人的成長與蛻變啊！

這都是我前一陣錯過的景色。我錯過的哪止這些，還有很多，很多我根本意識不到的。但我又是幸運的，我知道在那一方課桌之外還有色彩斑斕的大千世界。不要出於某些功利的目的為欣賞而欣賞，只有放慢腳步，俯下身子，用一顆真誠的、熱愛生活的心才能欣賞到真正屬於自己的美景。

王佳一同學的地理老師，應該是一位帶著點兒詩意的老師，因為他會留這樣的課後作業：完整記錄植物的開花過程。嗯，也許生物老師也會，也許美術老師也會，也許語文老師也會……真希望這樣的老師越來越多，這樣的作業，多好啊！為什麼一談作業，就非要將這個抄十遍那個背五遍不可呢？儘管王佳一同學後來還是「扔掉了」相機，「忘掉了」作業，但是不得不承認，她的所有感悟，都源自一項作業啊！

大自然的豐富和偉大，遠超於王佳一同學的想像，舉著相機的她，很快就「被這些種類繁多、蔓延迅速的植物打敗了」。用相機觀察自然，你便將取景框外的一切，都遮罩了，反倒不如「漫無目的」的好。

拿起相機，你更關注景物和結果；漫無目的，你才有時間胡思亂想。而人之思想與感悟，往往由這胡思亂想而得來。

給自己留一點兒這樣的作業吧。先願意「舉起相機」，然後更願意「漫無目的」。

黃春

尋找？

葉雨菲

北京四中二〇一三屆，現考取清華大學。

浙江義烏人也，無字無號。三年間，與熊之錚導顧先生論壇之開閉幕式，與王君翰雄導劇《油漆未乾》，又與張君儀萱等五人導成人儀式。以其工作雷厲霸氣之風，人謂之曰葉總。葉總笑談已實以蠻橫霸道而得其名。樂運動，喜音樂。揮汗於操場，已而疾走五六圈而渾然不覺。既小提琴過中央院九級，十餘年，鋸木聲漸變人籟，然距天籟者路漫漫兮修遠。後入清華園，攻電腦。安於路人之詫異不解，泰然前行。

「盡日尋春不見春。」

若你問我：你尋找的春的訊息是什麼？我會告訴你，春天，始於第一朵迎春花的綻放，第一寸冰面的融化，第一縷楊柳新抽的綠芽，第一陣似剪刀的二月春風，始於第一朵玉蘭花開。

經過一個寒冬的肅殺，玉蘭樹頭不再有易碎的殘葉遮蔽視線。慢慢，玉蘭花外的一層棕黃乾脆的外殼也悄悄褪去，露出白中透著青澀的花苞，細細的絨毛被陽光照得發亮。一切既定程序已經準備就位，只等待那詩意的第一朵玉蘭花開。第一朵花，將春的訊息帶到人間。我趴在窗前等著已在腦海中描繪過千遍的浪漫。是的，第一朵花開。然而，一個課間，只見同學呼啦衝到窗前，我踮著腳瞟了一眼：謔！二十多位報春使者爭先恐後放肆地綻放，舒展筋骨。這百花齊放的鄉村熱鬧景象把我頭腦中傲然枝頭的小資情調打得粉碎。忿忿地，我拂袖而去，因為我辛苦尋找的春景辜負了我。

只春景負我，罷了，還有秋呢，我如是安慰自己。這半年，我的腦中又勾勒出一幅「潦水盡而寒潭清」這秋高氣爽的畫面。當落日的余暉鋪滿城市線的黃昏，當第一陣秋風直驅京城，金黃的銀杏樹葉悠然飄落。在尚未枯黃的泛綠的草坪上，圍成一個燦爛的金圈，給每一片生命都畫上一個完美的句號。我早早端著相機，尋找著我想像中的那個傍晚，蹲在樹下等著，坐在二層連廊長椅上等著，站在醫務室門口的臺階上等著，臉貼著科技樓的窗玻璃等著，只為尋見心中葉落歸根那一刻天高雲淡的美麗。

然後在某個不知名的上午，被某不知名的一陣寒風吹得我眼裡進沙。再睜開眼，只有淩亂的銀杏被狂風卷上屋頂，吹入樓門，還有尚綠的葉片被硬生生地扯下，飄到我腳邊。

我尋找春，尋找秋，尋找著美，卻找不到美。

尋找，卻不美。

不必尋找，才美——春秋意，何須尋？

為什麼春姑娘肆意、如火的盛開比不上我尋找的「猶抱琵琶半遮面」、徐徐打開的第一朵花苞？為什麼秋日的氣息一定如我尋找的安詳的落葉歸根？「無邊落木蕭蕭下」，隨著狂風最後的舞蹈，把生命揮灑到更遠的土地，難道不是秋？你以為只有「未若柳絮因風起」才是雪，「撒鹽空中」不是嗎？你以為「零落成泥碾作塵」的才配稱梅花，「她在叢中笑」難道不配嗎？

我相信詩人一定犯了與我同樣的錯誤，心中揣著春天的圖紙，按圖索驥，苦尋不得。誰曾想，卻得個「歸來笑拈梅花嗅，春在枝頭已十分」。這樣出於盼望之外的結果卻也是意料之中。因為大自然的智慧恰在於，繞開你心頭的小期待，把春意賦予梅花枝頭。

這首詩頗有周莊夢蝶「此之謂物化」的味道。大道無形，她把美寄於萬物。

如果執著於你所尋找的、你所盼望的，豈不狹隘？

如果你再問我，你尋找的春天訊息在哪裡，我會隨手指著身邊的枯枝說：

「在這裡。何必去尋呢？」

「盡日尋春不見春，芒鞋踏破嶺頭雲。歸來笑拈梅花嗅，春在枝頭已十分。」這是一首很有意蘊的詩。從這首詩中，有人讀出了美好的事物就在身邊，不能沒有發現的眼睛；有人讀出了若沒有追尋的過程，也許永遠學不會珍惜；還有人讀出了任何一種成功都並非偶然，除了努力還需要時間的積纍。請結合材料寫出你自己的感悟。

——以上是作文題目。

葉雨菲同學並沒有從題幹中的立意選項裡簡單地來個「三選一」，而是就其中之二，來了個反其道而行之：誰說「若沒有追尋的過程，也許永遠學不會珍惜？」有時候，就「在這裡。何必去尋呢」。

作者是有經歷和體會的。「一切既定程序已經準備就位，只等待那詩意的第一朵玉蘭花開」的時候，忽然之間春天匆匆地撲面而來，「我辛苦尋找的春景辜負了我」。「我早早端著相機，只為尋見心中葉落歸根那一刻天高雲淡的美麗」，而後卻「在某不知名的上午，被某不知名的一陣寒風吹得我眼裡進沙」，秋天，就這樣讓人失望地來過了。

於是作者有了感悟：「大自然的智慧恰在於，繞開你心頭的小期待，把春意賦予梅花枝頭。」說得多好！

黃春

生活中的發現

周昊

北京四中二〇一三屆，現考取哈爾濱工業大學。
在四中的三年裡，曾擔任生活委員。我加入過科技俱樂部，
與同學一起體驗科技的奧妙；也曾在社區服務，為殘疾人送去溫暖。我喜歡理科，
欣賞它的嚴謹；同時愛好文科，欣賞它的感性。

生活是一處寶藏，等待著人們去發現。在生活中，上至舉世矚目的大事，下至雞毛蒜皮的小事，無一不可以被人們發現。哪怕，那僅僅是一株不起眼的小草。

還記得當年家裡購置了一盆君子蘭。我見花盆植入一株君子蘭綽綽有餘，便隨手在盆內的角落裡撒入幾粒草籽，不至於讓花盆浪費許多空間。

君子蘭的長勢可真好。翠綠的葉如劍般挺拔，如君子般文雅，為整個房間都添上一抹綠意。至於那角落裡的草籽，我只是在給君子蘭澆水時偶而想起，便順手給它灑上一些。久而久之，我便遺忘了那些躲在角落裡不起眼的草籽。

不久，我要隨父母回老家，只能將君子蘭留在家中。在老家的那段時間，我時不時會惦記著君子蘭，不知它長得如何了。回家之後，我便直接去看我的盆景，卻發現了令我驚訝的一幕。君子蘭已經萎靡不振地立在那兒，不復當時的生機；恰恰相反，花盆的角落裡卻湧動著蓬勃的生機和盎然的綠色——那幾株曾被遺忘的小草。

小草就這樣獨立在花盆裡。盆景中沒有了當時那種青翠欲滴的綠色，而換成了一種同樣煥發著蓬勃生機、但卻見證了草籽們從土地中頑強衝出的蒼綠色。那種蒼綠色，是泥土贈予它的顏色。那是

它從一顆種子成長為一株小草時，泥土的層層阻礙給它帶來的傷痕的顏色。那種蒼綠色，是乾旱給予它的顏色。那是它在經歷了長久的乾旱之後，自己磨礪出來的能夠承受乾枯的折磨的顏色。而正是這種蒼綠色，見證了它—— 一株小草的成長。

滴水尚可映海。從這一株小草身上，我發現許多。「咬定青山不放鬆，立根原在破岩中」，這是鄭燮形容岩竹的詩句。但我覺得用在這裡也未嘗不可。不必說小草那「野火燒不盡，春風吹又生」的生命力與竹子何其相似，便是它們的生長方式，也大致相同。竹子生於深山，在岩石中紮根，積纍衝破岩石的力量；小草紮根泥土，無論是乾旱還是烈日炙烤，它都能夠克服，等待著突破泥土束縛的那一天。在這些方面，它們是一樣的。更何況，它們都有同一種顏色——蒼綠色，那種僅屬於頑強的顏色。

生活，其實是多姿多彩的。我們可以從中發現許多。正如從一株不起眼的小草身上，能夠發現什麼是頑強。

非常規矩的一篇文章，結構嚴謹、完整，思路清晰、流暢。通過一件生活中的小事引出自己的發現，展開對於這個「發現」的議論，並從這次發現中找到了價值和意義。文章敘述過程清楚完整，議論到位恰當。尤其是對小草籽的「蒼綠色」的分析使人眼前一亮，並在倒數第二段中將其延伸拓展。文章議論部分的語言乾淨細膩。

——以上是閱卷老師交代的他給出了高分的理由。

閱卷老師看到的是文章呈現的結果，而我要說的是成就文章的過程——考場之前的那些事兒。

周昊同學家養君子蘭，回了老家一段時間之後，發現君子蘭已經萎靡不振，可是「花盆的角落裡卻湧動著蓬勃的生機和盎然的綠色——那幾株曾被遺忘的小草」。這是一段值得相信的故事——倘若他寫「君子蘭」依舊生機勃勃，然後借「君子蘭」的頑強來教育自己一番，那就徹底違背生活真實純屬瞎編亂造了。

我更相信作者對於生命的感悟，是真實的，因為他能夠對小草的綠色，描寫得那麼動人心弦。「那種蒼綠色，是泥土贈予它的顏色」，是「傷痕的顏色」，是「折磨的顏色」。沒有被打動的人，是不會這樣描寫的。

自然，就在那裡，關鍵在於我們是不是願意去接受感動。

黃春

向日葵的芳香

遊捷

北京四中二〇一三屆，現考取北京大學。

對於我來說，作文不是一種任務，而是一種愉快的體驗與嘗試。
它是生活的記錄，是思想的激蕩，是心靈的表白，
是一場關於自我的發現、審視與重塑。

有些花生來嫵媚動人，花瓣精緻嬌媚，嫋嫋花香令人陶醉，誘人極了。有些花便不那麼幸運，暫不論花冠美麗與否，單是沒有香味這一點就讓人覺得十分遺憾，單調乏味了。向日葵就是第二種花。

有些人的生命向來精彩紛呈，如波濤一般洶湧，如油畫一樣絢爛，滿是機遇和挑戰、鮮花和掌聲。而有的人，日復一日重複簡單的工作，生活如一潭死水不起波瀾。我就是第二種人。

小時候曾經討厭向日葵，亦不屑於平淡的生活。害怕瑣碎的日常事務會磨粗了心靈，平淡無奇的日子會使感官遲鈍。但是凡人終究是凡人，我想每一個平凡的孩子一樣，過著格式化的學生生活。然而隨著年紀一次次升高，我卻逐漸驚奇地發現，越是長大，越是習慣於這種平淡。不是時間磨鈍了心靈的棱角——我的志向仍在四方，我只是發現了那平淡日子裡的美。每一天，懷著安靜而充實的心從宿舍走到教學樓，又走向辦公室，每一個步子都飽滿而踏實地在心裡留下腳印。我也仍不忘給親朋好友寄送賀卡，忙裡偷閒地讀書看報，甚至拜望路邊的一草一木。當我在傍晚時分，在落日餘暉中站定，讓金光堆滿全身，品味到了那樣一種喜悅，積蓄著耕耘，享受著收穫的喜悅！

那陽光的金輝讓我聯想到向日葵。陽光下向日葵直直地挺立，腳踏一番沃土，頭頂一片藍天。閉上眼，空氣中似乎彌漫起向日葵的味道。這不是任何一種花香，更不是任何香精矯揉造作的味道。這是它汲取土地中的營養散發的味道，是它吸收水分蒸發出的清香，是它沉甸甸的種子等待成熟時不安分地躁動著釋放的能量，是成長，是收穫。

既然向日葵的意義在於耕耘和收穫，我又疑慮起來：那它為什麼還要花的姿態，需要遠離的金黃裝扮自己高昂著的頭。一幅幅向日葵的景象在腦海中閃過。陽光穿透著的向日葵的薄薄花瓣，像微微浮動的、耀眼的黃色小旗。它高傲地用前額追隨太陽，好像一副宣誓的姿態，好像要對天地世界發出一種呼喊一般的承諾。儘管向日葵的姿態有生物學上的解釋，我更願意自己解釋說——那是它自己的高傲，是它在耕耘中仍不忘堅持自己張揚的個性，敢於因自己驕傲。

我說過，凡人的生活如靜水不起波瀾。盛一杯淨水含在嘴裡細細品味，卻未必不能品嘗到一縷甘甜，一絲輕鬆，只是它們緊緊混合在一起，不能明顯地分出罷了。也只有這平淡至極的清水，才敢於如此的清澈透亮，不用任何色素的粉飾，保持著最初、最本真的色彩。

當大家都為向日葵的「向日忠心」大唱讚歌的時候，游捷同學卻把平凡的自己，比作向日葵：「日復一日重複簡單的工作，生活如一潭死水不起波瀾。」觀察自然，需要擁有自己的視角，自己的立場，和自己的情感、態度、價值觀，你才會擁有屬於自己的思考和感悟。

平凡，不等於平庸。游捷同學認為自己習慣於平淡的生活，但並「不是時間磨鈍了心靈的棱角——我的志向仍在四方，我只是發現了那平淡日子裡的美」。這是一種提升了境界的平淡。不是無所事事，不是一無所求，而是擁有屬於自己的高傲，「在耕耘中仍不忘堅持自己張揚的個性」。

相較於大自然的數以億計的年齡，人類是幼稚的。想成熟嗎？向大自然求教吧。向日葵就告訴我們，「只有平淡至極的清水，才敢於如此的清澈透亮，不用任何色素的粉飾，保持著最初、最本真的色彩」。

黃春

四季剪影

劉維禕

北京四中二〇一三屆，現考取香港大學。

在文學社的兩年，在人文實驗班的兩年，然後是飛往香港大學的四年。

喜歡文字，用筆傾訴心聲的感覺，如同細雨綿綿，在記憶的最深處。

永遠不會忘記的，銘刻在心的，我在，文字在，你還要怎樣美好的世界？

洪荒星河，書一段宏偉磅　之詩；四季剪影，剪一抹流光溢彩之影。

——題記

匆匆的、不經意的一瞥卻根深蒂固地植入腦海，不曾或忘。鐫刻心底此生不忘的，不是那些驚天動地的大事，而是彌足珍貴的片段，那些細碎到幾乎無法構成畫面的剪影……

「天街小雨潤如酥，草色遙看近卻無。」春，便是這樣的。於無聲無息中降至人間，待到發覺之時，早已有了綠的味道。泥土的芳香蔓延，微風拂過，人間歲月，相安靜好，我愛的便是這綠意盎然的清新。

一株嫩綠的草葉瑟瑟地在春風中探出身子，似乎在畏懼冬日的嚴寒。它羸弱的枝葉搖擺不定，掙扎著站穩，卻屢試屢敗。葉的尖端微微下垂，彷彿是經歷挫折後頹然敗下陣來，任憑風擺弄新葉。然而，它並不甘心於此，它積蓄力量，鼓起勇氣，竭盡全力維持住葉的平衡，堅信著會成功。在細小的葉脈中，流淌著同樣鮮活的綠色汁液，那，就是信念的源泉。

春亦是如此，它堅定不移，篤定綠色再度覆滿密林、平原、山川、大地。

它知道，到那時陰冷與潮濕都將退去，而芳草的幽香會充滿這世界的每一個角落。因為這樣確信，這樣篤定，才有了不懈的努力與奮鬥！

一株草，一季春，一抹剪影，一種人生觀：人生，需要信念，更需要不畏艱險為之奮鬥的勇氣。

「試問捲簾人，卻道海棠依舊，知否？知否？卻是綠肥紅瘦。」

夏季是多暴雨的，以迅雷不及掩耳之勢伴著隆隆的轟鳴席卷而來，使人猝不及防。我原是不喜暴雨而偏愛綿綿細雨的，緩和優柔的雨絲，彷彿在梳理一段舊的泛黃的回憶，汩汩溫存，記憶猶新。或許是因為人都有某種趨利避害的本能，不願想、不願見，更不願面對傷害自己的事和人。於是，一遍遍不厭其煩地將記憶中的美好拓印描摹，成為江南的工筆繪，聊以自慰。最後我們發現自始至終只是自己在自欺欺人，以所謂「過去」麻木神經。暴雨從不畏懼：無論是堅硬的水泥鋼筋，抑或是骯髒不堪的泥淖，它只是要降下甘霖，即使跌得粉身碎骨，毫不在乎。

聽窗外清脆的雨聲吧，它在 喊：「我，勇敢無畏地來了！」

一場雨，一季夏，一抹剪影，一種人生觀：人生，不能只沉浸在「曾經」的美好中，更要有敢於面對現實、敢於挑戰自我的精神。

「莫道不消魂，簾卷西風，人比黃花瘦。」秋，是夏的末尾。短壽的昆蟲生命終結在秋這個略顯蕭條的季節，無人問津。

去過上海，蟬鳴聲聒噪，令人心煩地匯成一片。細細看去，有些竟已伏在樹枝上，沒了當初的活力。蟬，看似微不足道甚至招人厭惡的昆蟲，在地下長眠了十七年才盼來這一季短暫的夏。這，究竟是幸，或是不幸？那隻蟬失卻了歌唱的本領，垂死掙扎著，瘦小的身體抖動著，顯示出極端痛苦的形態。它知道，十七年等來的一次機會沒有白費，曾經它在這個絢爛的夏日中動情地唱過了，它生命的意義已全部實現，如此又有何可憾？

於是它安心地閉上雙眼，回歸到那一方寧靜之中。在時光罅隙中，根本不曾留下它來過人間的痕跡。有人說這蟬癡傻，盼了十七年等來的也不過是個「死亡」的結局，但我說蟬是智者。經歷漫長歲月的考驗，於破土而出的一瞬實現自我全部的價值，如今，又有幾人能這樣呢？千年之後，我們的後人或許會望著我們所遺留下的「生命印記」，歎息著說：「這是一顆多麼固執而又簡單的心啊……」

一隻蟬，一季秋，一抹剪影，一種人生觀：人生，不是平庸，碌碌無為。它需要人們活出自身的價值，奉獻了，就是真諦。即使是做那隻活一夏的蟬呢？也勝過苟延殘喘幾千年！

「忽如一夜春風來，千樹萬樹梨花開。」

冬，與寒冷一併到來。記憶中曾獨立在廊邊，靜默，怔怔地望著銀裝素裹的世界。紛紛揚揚的雪花肆意翩躚飛舞，演繹出這世間美妙絕倫的舞蹈。

雪，是純淨的，它使這世間的陰暗被洗滌，恢複本來的面貌。托一朵雪花在掌心，絲絲涼意從肌膚擴散開來，漸漸消失，那絨狀的白色也化成了透明，空靈、澄澈。

每一年都渴望著雪的到來，不是兒時幼稚的需求，而是想體味雪的內涵。但其韻味，又有誰能真正品透？

古老的京都似乎很久都沒有雪的蹤影了。是不是我們在物質文明快速發展的今日，早已忘卻了何為「純淨」？心靈的汙染比起環境的汙染，恐怕更難治理吧？！

一片雪，一季冬，一種人生觀：人生不僅需要物質、權力，更需要真誠、純淨。保持心靈的純淨吧！這樣，在未來的某一日，還會有「瑞雪兆豐年」吧……

四季剪影，無非是些細小的片段，而其映像的價值卻遠超過其它。四季剪影，人生剪影。

劉維禕同學的這篇〈四季剪影〉，其選題就決定了文章的四段式並列結構，簡單得很。但是，正像她自己在文章末尾所寫的那樣，「四季剪影，無非是些細小的片段，而其映像的價值卻遠超過其它」，因為「四季剪影」，即為「人生剪影」。

作者由「春草」，讀懂了「信念」與「勇氣」；由「夏雨」，讀懂了「直面」與「挑戰」；由「秋蟬」，讀懂了「奉獻」與「價值」；由「冬雪」，讀懂了「真誠」與「純淨」。

寫四季，不能只停留在描寫四季之景，一定要由景及情，由情及理。

黃春

天邊的顏色

楊雨琦

北京四中二〇一三屆，現考取北京師範大學。
平日愛好推理文學，對散文也頗為喜歡，常翻閱龍應台的《目送》。
自己偶寫隨筆，一日下午站在教室外玻璃窗前，望著落日餘暉，靈感大發，
於是寫下這篇《天邊的顏色》。

傍晚時分，站在教室外的窗前，突然想起心語講謝霆鋒時那句話，於是我也抬頭望望天空。沒想起有誰和我同望一片藍天，只是左手邊的天空微微泛紅，右手邊的天空已被黑色侵襲，頭頂上的呢，青藍青藍的。一 那間，好想把這美景用油畫筆記下。如果我是梵古，該怎樣調色呢？我把天空分成幾塊，卻沒能找到油畫中色彩分層的感覺。那，色彩的分界點在哪裡呢？我不知道。

是不是很多事，都找不到個明確的分界點？有一天中午吃飯，我突然問錢琨：「我是什麼時候開始和你一起吃午飯的？」二人一時語塞。也是那天下午，我獨自一人去買「檸檬寶貝」的奶茶。平時只要找一個醒目的大熱狗，我就知道我到目的地了。可那天，我偏偏找不到。抬頭看看招牌，發現那小店已「人去店空」。什麼時候搬走了呢？我不知道。

我會不在意很多事情。我不知何時日出月落，一抬頭，雲就在空中，我卻沒在意過它是以什麼樣的形態飄過來的。我不知何時第一片樹葉變黃，風瑟瑟吹過，一低頭，毛衣已經穿上了，卻沒在意過是哪一天媽媽裝進我的行李中的。我不知何時愛上了籃球，它在我手指尖轉動，我的心也沸騰了，可我卻沒在意過我第一次成功地三步上籃是什麼感受。我不知何時父母就老了，吃飯時坐在永不變

的位置上，默默凝視他們已泛白的雙鬢，可我卻沒在意過我快成年了。

我承認，我會很粗心，我不經常觀察身邊的人和事物，也會大大咧咧地對一些事表示無所謂。可是，真的是我在意了，那些細節就是我能看見、記住的嗎？很多事情的分界點都太模糊，我們感覺不到它是變化的。直到有一天回首過去，對比當今，恍然大悟，原來早就面目全非了。這時的我才會問：它什麼時候就變成這樣了呢？

追究這個，有什麼用呢？父母一天天老去，我不知他們是哪天長出第一根白髮的，就連他們自己，恐怕也不知道吧。變了，那就變了吧！回不去，就接受現狀吧！

但也不是只責怪自己不細膩就完了的。我想我也該去注意一下，身邊的大事小事。我可以不知道飛輪海解散了，但我不能不知道有個舍友喜歡炎亞綸；我可以不知道哪天立春，但我不能不知道草叢中有一個花骨朵將要開放了；我可以不知道一條街上哪個餐館有特色，但我不能不知道自己最愛吃辣。

生活是自己的。雖然很多小事看起來瑣碎，但拼在一起，那才是生活。我不喜歡殘缺的拼圖，於是我質問自己，難道你喜歡殘缺的生活嗎？以前的我，漏掉了多少樂趣。錢琨總給我講過往，有時她嫌自己太囉唆，讓我講，我卻每次都撓撓頭、撇撇嘴，有什麼好講的？這才叫空虛。這不叫生活。

我想我不一定變得有多細膩。但我可以努力去注意生活，注意變化，多一份生活的樂趣。人只活在自己的小世界中，太無聊，太孤單。是時候讓自己的心溜達出來聞聞外面的花香了，她宅好久了。

你看，天邊的顏色又變暗了。不過沒關係，這次，我知道它變暗了。

有的時候，如果我們很幸運，你會突然發現頭頂的天空，並不是一色的蔚藍，或是一色的灰暗；它會很多彩，會很絢麗。你只是嘖嘖地讚歎了，你只是掏出手機拍照了，你想到了什麼嗎？像楊雨琦同學一樣，由天空的顏色，想到了「色彩的分界點在哪裡」嗎？想到了某個小店是「什麼時候搬走了」嗎？想到了「何時第一片樹葉變黃」了嗎？想到了那件毛衣是「哪一天媽媽裝進我的行李」了嗎？想到了「我快成年了」嗎？如果想到了，如果沒想到，那麼，你又得出了怎樣的結論呢？

人生中的很多事情，是需要想到的。比如父母的第一根白髮，儘管我們不一定能夠想起來（不，是一定不能夠想起來），但還是需要想一想的。好比你不一定能分清這天空顏色的界線，但至少你要「知道它變暗了」。

這才叫生活嘛！

黃春

桃之夭夭

劉可欣

北京四中二〇一三屆，現考取南京大學。
高中期間擔任北京四中文學社社長。
無神論者。狂熱起來，愛老子、尼采。冷靜下來，欣賞墨子、馬克思。熱愛詩、天才和迷幻搖滾，相信關起門來人們更能回想一切。曾經崇尚激情、浪漫、瘋狂與犧牲。
如今胸無大志，也沒有一顆不肯媚俗的心，只想沒病沒災，平庸且幸福地活著。

徽州的春天大抵還是那樣。

墨綠的藤蔓掩映著高高的白色的馬頭牆，房前屋後一派千篇一律的新綠。

天空上塗抹著一層一年之中都難見幾次的透徹的藍，陽光明媚而潮濕，不急不緩地傾瀉下來，傾瀉在牆角那棵桃花樹上，閃耀出萬道金光。

這棵桃花樹已經站在那兒很久了。年年開花，且一年比一年開得好，絨絨的淺粉在枝頭擁擠著、叫嚷著。叫人看在眼裡，心裡軟軟的，像是被這三月的陽光洗滌了一般，很暖很暖。

家裡的老人說，這棵樹是祖母出嫁那年種下的。

祖父說，這棵桃花樹就像你祖母一樣。

祖母是在我初二那年去世的。我從北京坐火車回去送她。那天我很安靜，就那麼坐在那兒，一動不動，不哭也不鬧。我怔怔地盯著她年輕時和祖父的結婚照，她確是位極美麗的江南女子，鬢角別著一枝盛放的桃花。那花那醉人的笑顏，彷彿在對空蕩蕩的歲月致意。

印象裡，她極為喜愛桃花。

她有靈活的雙手，給祖父補襪子後，會用剩下的線繡一朵小小的桃花，白色的，毫無惡俗之氣。

我小的時候，家中的一切家務大抵都是由她來做。我記得她大年三十兒晚上廚房裡忙前忙後的身影；我記得她冬天洗衣服時凍得紅腫的雙手；我記得她在院子裡餵雞時臉上那種慈愛又愉快的表情；我記得她為修補房頂爬上梯子時麻利的身手。

我不曾意識到她已年過半百，卻始終明白她為這個家作出的努力。

記憶裡的祖母亦是溫情的。南方的夏天悶熱得離譜，小小的我坐在院子裡大汗淋漓，一直哭鬧不停。她從不惱我，只是每天都讓我喝下那種用一點五升大可樂瓶裝的綠豆湯，她說這樣可以防暑。晚上我從睡夢中熱醒，迷離中感覺到絲絲涼風。我睜開眼，看見她舉著一隻胳膊給我扇扇子。她說電風扇太吵，怕我睡不安穩。我記得她身上的白色背心已經濕透了，那一片汗漬上有一朵用粉色細線繡上的小小的桃花。

時至今日，我又一次站在這院子裡，恍然大悟。她的人生竟如這桃花一般。

你看這桃花，它那麼小，卻又那麼堅定，為了一個更加絢爛的春日，義無反顧地綻放。究竟是什麼動力在驅使著它呢？難道僅僅是對生命的熱愛和對歲月的敬意嗎？

「桃之夭夭，灼灼其華。之子于歸，宜其室家。」這樣的春日，我站在這裡，看牆角那無數枝極淡極淡的淺粉，和著天光雲影，從容不迫地昂首綻放⋯⋯

讀到用「桃花」寫「祖母」的文章，這於我，還是第一次。

祖母，應該是年老的，飽經滄桑的，滿臉皺紋的，帶著老花鏡的，微微佝僂著背的⋯⋯可我們忘了，祖母，也曾年輕過，也還有著年輕的心；祖母，也像桃花般，燦爛過。

劉可欣同學能借一樹桃花，想起祖母；借一樹桃花，書寫祖母，多好呀！

「祖父說，這棵桃花樹就像你祖母一樣。」於是，在劉可欣同學的記憶中和文筆裡，她的祖母，就有了桃花般的外表（「她確是位極美麗的江南女子，鬢角別著一枝盛放的桃花」），和桃花般的品質。

「桃花」有怎樣的品質？「這桃花，它那麼小，卻又那麼堅定。」更有《詩經》之語：「桃之夭夭，灼灼其華。之子于歸，宜其室家。」祖母，一生都在操持著一個家的全部生計與生活。並且更重要的是，祖母在辛勤的勞作之時，還葆有一個女人本能式的愛美之心：「給祖父補襪子後，會用剩下的線繡一朵小小的桃花。」有人說，人的每一種品格，都能在大自然裡找到映像的對象。正如，劉可欣同學的祖母，和桃花。

你，找到了嗎？

黃春

用一切感官去感知

李伊丁

北京四中二〇一二屆，現就讀於北京大學。

我性格活潑、調皮。我有一張圓圓的臉，一雙水靈靈的大眼睛，
我那雙小耳朵好像是專門聽老師講課用的。我的優點是在家裡聽爸爸媽媽的話，
在學校聽老師的話。我也有缺點，我的缺點是上課有點不愛回答問題，
還有點兒不愛喝白開水，還有點兒不愛吃胡蘿蔔。

那時我五年級，還只是一個隻知道傻玩、傻樂的小孩。媽媽讓我看一個講座的錄影，我就乖乖地去看，但其實一點都沒看明白——光是講座的主題「用一切感官去感知」就已經遠超過五年級小孩的接受範圍了。不過我仍聽得很認真，並記住了不少我當時認為很有趣的東西，比如對樹葉的感知。

主講老師展示了她摘的一些樹葉，她先領我們辨認這些樹葉的品種，這一步是一般人都能做到的，隨後觀察葉子的脈絡，感覺葉子的質地，這一步只要是細緻的人，也能做到，而接下來的那些，就神奇許多了——聞葉子的味道，傾聽不同的葉子飄落的聲音，甚至還有品嘗樹葉！這些聞所未聞的感知方式引起了我極大的興趣，用這種方式研究過一遍身邊那些花草樹木之後，感覺自己好象生活在一個全新的世界裡一樣，其中任何一個極微小的存在，都是那麼豐富，那麼美。其實何止花草樹木呢，我們習以為常的風啊，陽光啊，影子啊，都遠比我們現在感受到的奇妙得多！

如果能理解這些，我相信每一天的生活都會過得快樂——那是發現的快樂。

我想，就算一個人能活一萬年，每天只用各種方法感知陽光，他依舊會源源不斷地發現令人欣喜的美好。

自然本身已是如此斑斕，但人類仍覺得不夠，於是就在每種事物上又賦予了一種更加豐富的東西——人類的情感。講座中提到歐·亨利的《最後一片藤葉》深深打動了我——小小一片藤葉，竟能擔起生命與希望的重量！這讓我不禁再度審視身邊那些看似普通的事物，有一種感覺油然而生，這感覺在收拾自己房間時尤為明顯：偶然翻出來一件很久以前的東西時，又是驚喜，又是惆悵，伴著許多一下湧現出來的回憶，有些溫暖，亦有些失落。我想，對生活中的各種事物，都能有類似的感覺，那麼生活一定是幸福的。

我終於學會了感知生活的方式——用一切感官去感知，正如康巴烏斯托夫斯基在《金薔薇》中寫的：「每一個 那，每一個偶然投來的字眼和流盼，每一個深邃的或者戲謔的思想 ，人類心靈的每一個細微的跳動，同樣，還有白楊的風絮，或映在靜夜水塘中的一點星光——都是金粉的微粒。」我樂於做生活中的有心人，耐心、細緻地收集這些「金粉的微粒」，打造出一朵代表我幸福的金薔薇！

總之，我相信生活中的一切都是最美的，我願意用一切感官去感知它，這大概就是人生最大的享受吧！

慢慢走，欣賞啊！

「一講到這個話題，就知道自己一定會講亂，一是因為從五年級到現在體會太多，又有點亂，整理起來是一個複雜又浩大的工程，二是因為講到這個就激動！出於我對生活極度的熱愛和對劉葵老師極度的敬愛、崇拜與感激！」（摘自作者文後補記）

「一講到這個，就激動。」你有這樣的「這個」嗎？好比李伊丁同學的「一片樹葉，一位老師，一堂語文課」。

劉葵老師，是我的同事。李伊丁同學常常說自己之所以篤定要報考北京四中，就是因為自己在初中的時候聽過劉葵老師的一次講座：「一片樹葉裡的全部語文。」一片樹葉裡，有全部的語文，那更有全部的作文了。李伊丁同學聽懂了這句話，後來，她的作文，成了她自己的驕傲。

偌大自然，多少樹葉啊！

黃春

枯葉蝶

遲小琳

北京四中二〇一三屆，現考取同濟大學。
愛讀書，於是愛上了寫作。愛生活，於是也喜歡在筆尖下傾注自己的感悟。
想要自由自在地作文，也想在雖應試的題目下保持自己的風格與堅持。
相信真正的好文章來自懂得停駐的眼睛和心。喜愛的作家：川端康成和張愛玲。

忘了在哪本書上見到了這種蝴蝶，據說是擬態的高手，與那名字一樣，雙翅一合，便化作一片枯葉，立在枝上，教人無法辨認。

我覺得驚詫，但感到這蝴蝶實在很是難看。蝴蝶均以綺麗和多彩的翅膀著稱，它卻為了生存，偏偏選了這樣一對乾枯落葉般的雙翅，竟是一點美感也沒有。於是那時，我便認定了這枯葉蝶是蝴蝶一族中美的破壞者。

初秋時下了一場雨，天涼得快，夏天已是要完全沒了印記了。我黃昏時獨自穿過公園，竟在一群落葉中，見到了這如同枯葉般的蝴蝶。

黃昏的風還很大，秋初雨後的驟冷催促著滿枝的樹葉紛紛掉落。我認出了這蝴蝶，只因它在向上，逆著落下的葉子，向上飛著。

它確實像極了枯葉，翅膀單薄也沒什麼光亮。但它就靠這兩片單薄的翅，在努力地與風、與葉抗衡。滿天飛舞的枯葉，如今已全然不是它的盟友，只顧乘著風，將它一次又一次地打下去，再打下去。那枯葉蝶每每被打下一次，就急速地墜下一些，卻又再飛上來，撲閃著稍顯殘破的翅膀，躲避，但堅持著，向著天空。

夕陽的餘暉灑下，葉上的水珠泛著火紅的光亮，照著這公園裡寧靜的角落。那枯葉蝶飛得越來越慢，似乎是已經耗盡了力氣。我怔怔地看著這一切，心中卻早已溢滿酸楚。

本已是秋初時節，其它蝴蝶早就銷聲匿跡，但這枯葉蝶卻活到現在。它不斷地向上飛翔，只為不落入地下的枯葉堆中。它不停地抗爭著死亡，抗爭著蝴蝶本已注定的只能存活一個夏季的命運。它是枯葉，但那是為了生存，它從未放棄過，也從未忘記過自己是一隻蝴蝶。它背負著那樣的翅膀，隱匿在眾人的稱讚與注視之外，但卻在生命的最後時刻逆著落葉，逆著死亡，展示了身為一個蝴蝶的驕傲。

這，才是美，是一種生命的決絕與不滅信念的美麗。

在其它的蝴蝶都在寒潮中瑟瑟死去，還有這樣一隻枯葉蝶，向天空，追尋著生命與希望。

夕陽的光淡下來，枯葉蝶卻不見蹤影了，我終不知它的去處。但我記得，在那個秋日的黃昏，我邂逅了一隻，這世上最美麗的蝴蝶。

遲小琳同學，「邂逅了一隻，這世上最美麗的蝴蝶」。這隻蝴蝶，也是我（包括很多讀者）在閱讀的經驗中所邂逅的，最美麗的蝴蝶。應該是的。見過很多寫蝴蝶有多麼多麼漂亮的篇章，但從沒見過寫蝴蝶有多麼多麼頑強的文字。我一直以為這種蝴蝶之所以要長著兩片枯葉般的翅膀，僅是因為它柔弱的軀體需要一種詐騙式的保護而已。我從沒見過它「逆著落下的葉子，向上飛著」，不，不是沒見過，是即便見到過也沒有刻意地注意過吧！

遲小琳同學注意到了，所以，她對於這種蝴蝶的認識，從起先「認定了這枯葉蝶是蝴蝶一族中美的破壞者」，到後來看出了這「是一種生命的決絕與不滅信念的美麗」。

永遠記得遲小琳同學所看到的那隻蝴蝶：「它背負著那樣的翅膀，隱匿在眾人的稱讚與注視之外，但卻在生命的最後時刻逆著落葉，逆著死亡，展示了身為一個蝴蝶的驕傲。」

黃春

生活中的發現

曹蕾

北京四中二〇一三屆，現考取清華大學。

我記得在這個校園裡邂逅一樹玉蘭，又在一個冬天見證它從積蓄到綻放的歷程。

在這裡我留心於身邊的風景，感動於身邊的美好，即使堅定地選擇理科，

也在心里保留對美的欣賞。進入清華大學建築系學習，願保持這對美的嚮往。

我曾花費很多筆墨去描繪原來窗外的一株玉蘭，如何盛放，又如何在一夜間匆匆凋零。還有某個冬天，我如何發現玉蘭的綻放早在初春之前。寒風中挺立枝頭的花蕾曾給我別樣的靈感，激勵我，不放棄。

從前也常常出神地望著天空，尋找一朵不一樣的雲彩，或是發現某一天的晴空有十二度藍。雨雪初霽時，濃濃淡淡的水汽飄在天上好像一幅印象派的畫，看得眼角也跟著濕潤，進而清亮。又讓人不禁疑問：雲的深處是否真的會住著僊人，掌管地上的因緣？

曾經，從前。是的，現在很少會一整個課間趴在視窗，只是為了感受葉脈上湧動的綠輝，也沒有在路上發現早春盛開的第一枝桃花。我原來總是能在這些生命之中發現屬於我的感動，體會它們與我生命的交互。現在卻不多了。也許是沒有時間，也許是整天整天地不下樓。有時一抬頭看見陽光明媚，猛然發覺自己對一連串的晴天竟無知無覺。

只是在意識到的時候會想，怎麼忘了感動一下？也在那一瞬間懊惱錯失了太多美好。但是，似乎我的生活，並沒有因此缺少什麼。一天天「生之活動」依然充實。

也許這是一種成長吧！

從前我可以驕傲地說，我會「俯察品類之盛」。從自然萬物之中找到欣喜，找到靈感。而現在，我開始發現他人，發現自己。

坐下來靜靜地讀書，讀散文。那是文人們自己的人生體悟。他的所思所感落在紙上，落在我的心裡。昨天重拾那本書。看余光中先生爬上阿里山觀日出。那情景在先生筆下呼之欲出。在欽佩大師手筆之時，我卻發現只有親身經歷過才能體會到那奇異景色的震撼人心，而我只能默默想像而無法同抒感慨了。大家，依然從自然萬物中發現，而流露出來的時候帶上了自我的非常之觀。

仔細想一想，人的發展大概也是這樣吧，從最初古人的觀象，到諸子散文，到修身養性。發現自然，到發現自己。

右軍察品類之盛，後來還是要論人之相與。我學會了觀察自然，但是對於自己，認識還遠不清晰。生活的一點一滴中，滲透的不是「道理」或「哲學」，而是真實的自己的心。

生活依舊充實，是因為在一室之間，我發現了自己。

「我」在自己生活中的「發現」，自始至終貫穿全文。層層遞進，邏輯清晰，寫法不落俗套，立意給人啟迪。在她的文章中，我們發現，原來人生的「發現」過程其實也是一種成長的過程。自我到外在，繼而再從外在回歸自我。擁有自我的生活是真心的生活，擁有自我感悟的發現是有價值的發現。

從「發現自然，到發現自己」，需要怎樣的過程？作者說自己「也許是沒有時間，也許是整天整天地不下樓」，於是，離自然漸漸地遠了，生疏了。不過，這也許就是成長的代價，外在的東西漸行漸遠，而自我的內心卻日漸清晰起來。

人與自然的交往，也包括「讀書」這一方式。在書中，讀別人筆下的自然，也不失為一種與自然的接觸。那些經過了大家、大師的心靈的自然，也許能更好地帶領我們發現自己呢！

黃春

因為有了期盼

姚逸雲

北京四中二〇一三屆，現考取香港大學。

一個喜歡繪畫、建築和漢服的姑娘。我出生在細雨綿綿的南國，

那裡開著掛著水珠的梔子花。讀書，行路，做夢，熱愛生活的我也熱愛它們。

在我眼中，能打動人心的文字就是好文字，不要浮誇，能讓讀者有所感悟就好。

我從沒有如此關注過：一棵樹的細微變化。

二月的陽光慵懶地打在公車的窗玻璃上，留下淡淡的光暈。我照例坐在靠窗的位置上，終於，那個我期盼看到的景象緩緩地進入我的眼簾。

是什麼時候呢？是什麼時候我開始注意到那一棵孤獨地站在長椅邊坡地上的櫻花樹了呢？不記得了。顯然，它很早就站在那裡了，一直都在，但此前無數次路過這裡的我在記憶裡卻怎麼也找不到它的影子，想必那來來往往目不斜視健步如飛的人們也是如此吧！

中考，已不遠了，每一天都是那麼相似，每一天的底色都是試卷慘白的顏色。書包是輕了，已經沒有一本書了，全是試卷，各科的，一模，二模，寫了的和沒寫的。手捧著單詞本卻怎麼也看不進去，本就有暈車的毛病，看到那細密的字就更是頭痛欲裂。於是我抬起頭看向窗外，想看看一些不一樣的東西，想找找與我如齒輪轉動般一成不變運作的生活不一樣的風景，這是我內心的呼喚，內心對自由輕盈生命的嚮往、盼望。終於，那棵平常到不行的櫻花樹闖進了我的眼簾。

我看著它光潔的樹枝上漸漸露出綠意，吐出粉白色花苞，接著

是幾朵，一簇，幾團，一片，然後持續一段時間，每天都有枯萎的花瓣悄然落幕，新的可人的小巧花苞泛開笑臉。到底是什麼時候粉色褪盡，綠裝換上了呢？不知道了，因為我沉醉在那小小的奇異的新鮮感和幸福感中了。每天我都期待著路過那站，一俟到了，便急切地探望窗外，搜尋那棵孤獨地站在長椅邊坡地上的櫻花樹，像一個發現新大陸的探索者，一個找到新口味糖果的孩子。

到底為什麼呢？我無意留心在那無關輕重的事物上——一棵櫻花樹的花開花落。我無心考慮；如果真要說出一個答案，是因為期盼吧，期盼不一樣的生活軌跡，哪怕每天只改變一點點，也能激起那麻木的心靈中的一圈漣漪，給自己一個期盼，一個迎接明天的好心情。

你如果想跳出一成不變的生活，你如果想給自己的生活增添一點新奇，那你少不了要到大自然裡去尋找。像是作者開篇所說的：「我從沒有如此關注過：一棵樹的細微變化。」作者享受到了諸多的驚喜，與其說是源於一棵樹，倒不如說是源於「一棵樹的細微變化」。這個世界與昨天不同了，並非世界本身發生了多大的改變，而是我們自己變了，我們自己忽然願意比昨天更細緻地觀察「一棵樹的細微變化」。

為什麼原本無情的自然，可以進入追求情感的文學？就是因為文學的主體（作者），願意（或者懂得）用自己的情感去觀照自然。是為「移情」。

「它很早就站在那裡了，一直都在，但此前無數次路過這裡的我在記憶裡卻怎麼也找不到它的影子，想必那來來往往目不斜視健步如飛的人們也是如此吧。」從今天起，抬頭看看窗外，哪怕就是一棵樹。

黃春

CHAPTER 05
親情篇

家書抵萬金

黃春

寫這一段文字的時候，正值端午佳節。我和往年一樣，聚齊全家人，一起吃粽子，一起聊家常。說是全家人，其實從來也沒能完整過。前年父母缺席，去年弟弟出差，今年女兒不在身邊。

如果捏一把文人的酸勁兒，那麼我倒會覺得所謂親情，多半總是在「有所缺席」的時候，才變得珍貴起來的。你說呢？

你被關在軍營裡軍訓，你才會在硬硬的行軍床上忽然念起朝夕相處的爸媽來；你把姥姥姥爺留在遙遠的老家，你才會在逢年過節的時候深深地把他們想起。那個時候，往日嘮嘮叨叨的媽媽，會頓時溫柔無比；往日迂腐固執的姥爺，會頓時慈愛無比。

然而在那些朝朝暮暮的日子裡呢？親情哪裡去了？

記得有一回到一個學生家去做家訪，我聽得這個學生在家裡的所有話語：「嗯」、「知道啦」、「行了行了」、「好啦好啦」、「煩不煩呀」……你不要覺得我的這個學生太無禮太不孝順太不懂事，其實，這才是正常的呢。

我曾在課堂上跟我的學生說過一些有關親情的名言，比如：

「會給一個人帶來負擔的情感，才是真心的情感。」

「會經常給你一些並不必要的關心和關注的情感，才是真正有價值的情感。」

「當你溫暖與歉疚同時襲來，那你一定是在饕餮親情了。」

……

親情，是文學的永恆主題。

這一點，所有人都會贊同的。問題在於，儘管絕大多數人都堅信，父母家人是愛我的，但是，不是每個人都真正能夠發現或體會到這種愛的，更不是每個人都能將這種愛寫進文章裡，用文字恰如其分地表達出來的。

正在閱讀本書的你，一定寫過〈我的媽媽〉、〈我的爸爸〉等以「母愛」、「父愛」為話題的有關「家」與「親情」的文章，或在周記日記裡，或在作業考試裡。

以我揣度，你也一定寫過「生病發燒被背去醫院」、「下雨下雪被送來雨傘」、「考試失利被語重心長」、「犯了錯誤被春風化雨」、「衣食住行被悉心照料」……再以我揣度，你寫這些故事的時候，可能真的只是當作「故事」來寫的，而並沒有出自內心發自肺腑——儘管你所寫的，也許都是事實。

何謂「親情」？你未必懂。

我如此揣度的理由，其實很簡單。請問，你被別人——父母之外的人——背去過醫院嗎？送過雨傘嗎？語重心長過嗎？春風化雨過嗎？悉心照料過嗎？

我想肯定有，比如鄰居、同學、老師、保姆，甚或是個陌生的路人。那麼，為什麼一定要是爸媽呢？或者說，爸媽送來雨傘，和同學借你雨傘，有什麼區別嗎？

答案其實很顯然，一定有些事情，它只能是爸媽才會做；一定有些事情，它只能是爸媽才會這樣做。而你是否發覺？按照我的教學經驗，絕大多數同學並未發覺。

北京四中的語文教學內容裡有個傳統專案，以「身邊的陌生人」為對象，寫一篇報告文學。因為我們以為，有些人，你可能認識，甚至是熟識；你可能天天見，甚至時時見；他就在你身邊，當然更可以同在一個屋簷下，總之，他生活在你的身邊，生活在你的視線裡。你似乎知道他的一切，但是，你只看到他的這一面，又並不確定是否真正了解他。換句話說，有些人，他近在你身旁，而你卻未必走進了他。我們期望學生們尋找自己身邊的「這樣」的人，關注他，書寫他。每一次開展這個活動，我們都會發現，有相當多的同學選擇了自己的家人（父母，祖輩，尤以父親居多）。

看來，家人，確乎是我們「身邊的陌生人」；親情，確乎是我們身邊的一份陌生的情感。

親情的陌生感，來自其本質的雷同。可憐天下父母心，全天下的父母心，都是可憐的，並且其可憐的原因，都是一樣的。這種「差不多」的雷同感，使得人們一說到親情便自以為了解。

親情的陌生感，更來自其表現形式的大不相同，乃至各不相同。有個有趣的現象：當你和別人交流「親情」的時候，你總會豔羨別人的父母是多麼多麼好，而自己的父母是如何如何地不夠好。因此，你非常願意離家出走，去他家住上幾天。

其實，親情，是沒法交流的。因為太不相同。

比如，同樣是嘮叨，有「多穿件衣服」，有「別忘了吃水果」，有「放學早點回家」，有「路上小心車」；同樣是關心學習，有暴風驟雨式的，有和風細雨式的，有裝成漠不關心而背地裡給你尋摸家教補習班的，有為了孩子以身作則改變自己從此不看電視陪你一起學習的。

哪一種更好呢？真不好說。然而，正因其形式豐富，親情，才魅力無窮。

發覺親情，是需要機緣的。

生病了，下雨了，難過了，失敗了；一絲白髮，一條皺紋，一個背影，一段往事，都可以成為發覺親情的機緣。

有一回我布置學生以「支撐」為話題作文。一名叫崔凡的學生想起了小時候和爸爸做的一種遊戲，她寫道：

很小的時候，盛行著一種遊戲：小孩子把手放在父母手心裡，雙手一撐，雙腳騰空。我很喜歡這種感覺。每每都央求爸爸，有時是爺爺，攤開他們粗糙的大手，助我一臂之力。雙手一撐，雙腳騰空。

在講述完這個遊戲之後，她接著寫道：

正是父親的愛，支撐起了我童年的快樂。

我知道，崔凡同學是要借親情之愛，來寫支撐之意義。這個創意，很好。只是我在反覆地閱讀之後，依然沒能感覺到親情何在。我便在批語中反問她：撐起它，就是愛它嗎？如果你父親是一位建築工人，他撐起了一根沉重的木料準備架上屋樑，你覺得你父親一定愛那根木頭嗎？如果撐起你的不是你父親而是鄰居家的叔叔，你的快樂感覺完全一樣沒有區別嗎？

我很欣慰地看到崔凡同學之後的思考。她在修改後的文章中這樣寫道：

很小的時候，盛行著一種遊戲：小孩子把手放在父母手心裡，雙手一撐，雙腳騰空。我很喜歡這種感覺。每每都央求爸爸，有時是爺爺，攤開他們粗糙的大手，助我一臂之力。雙手一撐，雙腳騰空。每每這一瞬間，我都真切地感到支撐著我的大手迅速收緊，抓住我的小手。正是父親的愛，支撐起了我童年的快樂。

「大手迅速收緊，抓住我的小手」，這是屬於父愛的細節啊！有了這個細節，之後的「愛」，才來得有理，來得自然。

也許是受了我的批語的啟發，她在之後肯定思考了許多：童年的快樂，究竟從何而來？我所明明感受到的父愛，究竟有怎樣具體的形象？

後來，她交給我第三稿：

很小的時候，盛行著一種遊戲：小孩子把手放在父母手心裡，雙手一撐，雙腳騰空。我很喜歡這種感覺。每每都央求爸爸，有時是爺爺，攤開他們粗糙的大手，助我一臂之力。雙手一撐，雙腳騰空。每每這一瞬間，我都真切地感到支撐著我的大手迅速收緊，抓住我的小手。儘管那雙大手在支撐中不住地顫抖，但是他們穩穩地托住了我童年的歡樂。

後來，我長大了，也長高了，再也不能撐在他們的掌心裡飛翔。我學會了玩雙槓。也是，雙手一撐，雙腳騰空。然而，騰空的感覺不再是飛翔的快樂，而變為了恐懼的顫抖。手心裡抓住的不再是溫暖的關愛，而是冷冰冰的金屬槓。手掌在不知是溫度還是壓力的作用下變得麻木，讓我失去平衡。

我一直不明白，那夯實在水泥地中的雙槓為什麼讓我有如此不安全的感覺，而親人的雙手在微顫中卻能給我踏實的溫暖。現在才想到，其實支撐的源泉便是愛。小時候的我依賴那雙大手中愛的力量；長大的我懼怕雙槓的冷漠。

讀到這樣的文字，讀者才能確切地感受到作者真正且真心的心思，才能相信作者是在講述「親情」。因為，她真正地知道了親情來自何處。

很喜歡讀史鐵生的《我與地壇》，是因為文中所寫的這樣一句話：

「要知道，兒子的痛苦，在母親那裡是要加倍的。」

這是一個懂得了母愛的人，才能知曉的事情。然而，這種從懵懂到知曉的過程，實在是漫長且曲折得很。人們對於以母愛為代表的親情的接受反應，往往先是本能地照單全收，到後來漸漸地知道感謝，再到以為理所應當地日趨麻木，再到以為多此一舉的叛逆排斥（而作為本書讀者的你們，往往就處於這個階段）；再到後來的後來，等到原先身為子女的自己也變成了為人之父母，才忽然明曉了其中的所有奧妙，所有情理，之後開始由物質到精神、由外在到心靈的彌補和償還，直到扼腕慨歎「子欲養而親不待」。

中學生的你，正值與親情的鬥爭時期。而我以為，這恰恰是書寫親情的好時期，因為在這個時候，親情被埋藏得最深，一旦挖掘出來，就會顫人心弦。

有一次我布置作業以「背後」為題，寫一篇作文。一位叫李雅文的小女生，寫的就是不為己知的背後的母愛：

傍晚的月亮，又大又圓。這就是老師說的每月只有兩三天的滿月了吧。我在月下靜靜地走著。月光漂亮，卻很清涼。激烈的場景一遍遍重溫在腦海。躁動的心漸漸平息下來，揮之不去的，卻是一抹難言的苦澀。

我用力地撞上門，頭也不回地衝下樓去，留給媽媽一個孤傲的背影。為什麼我一定要穿上那件又粗又笨的毛衣？為什麼我就不能有自己的意願和空間？我委屈地強忍住淚水。

不知道為什麼，最近總和媽媽有大大小小的爭吵。我也不再和小時候一樣，把她當作心目中唯一的神。我煩她細微地過問著我生活中的每一件瑣事，就像背後一個總是揮之不去的影子。

「媽，你冷不冷？」一個清脆而稚嫩的童音猛然闖來，打斷了我紛亂的思緒。抬眼望去，迎面走來一個跌跌撞撞的女孩，也就只有五六歲的樣子。在她背後，一個年輕的母親溫柔地微笑著，將自己的外套迅速地脫下來披給她，「我不冷啊，你暖和了，媽就暖和了⋯⋯」

我呆呆地望著她們幸福的背影漸漸遠走，心底湧動起一股莫名的、柔軟的光。曾幾何時，我也擁有過相似的幸福？

記得小學時的冬天。上完英語班已經很晚，天上掛起一輪明黃的月亮。

深冬的風，清凜得刺骨。為了讓我早些到家，媽媽執意要在雪未化開的路面上騎車走。還把唯一的手套，摘下來給我。或許是太冷的緣故吧，下坡的時候，車子顫抖著撞向路邊的灌木叢。媽媽從地上艱難地爬起來奔向我，聲音因為驚恐而顯得有些變調：「文文，你沒事吧，摔到哪兒了，媽媽對不起你……」

在確認我沒事後，才推起車緩緩地向前走。清澄的月光淘洗淨所有陰暗的背影，我們依舊有說有笑著。我太幸福了，以至於沒有看到媽媽凍紅的手背上，還滲著殷殷的血跡……

走在柔和的月光下，彷彿又看到了媽媽閃著疼切的愛意的眼睛。往事清晰如昨天。

想著媽媽為了我一次次奮不顧身的時刻，堅定明亮就像深夜天空上唯一霸道的月亮；想著她為我煮牛奶洗衣服時心甘情願的幸福模樣，閃著月亮般清定溫柔的光芒；想著自己脾氣不好時對她無理的衝撞，她也只是泛出隱忍的淚光，再一個人默默地舔平心底湧動的傷。

曾經以為所有母親的愛都像是天上那火熱的太陽，平實樸白，不需要傾注任何感情就能讀懂；現在才越來越覺得，它其實更像月亮，溫和而滿載深情。

忽然想起姥姥在世時曾對我說起過，媽媽悄悄地保留了我從小到大所有的毛衣，理由是：文文笨，不會織毛衣。等她長大結婚了，可以留給她的孩子穿。

好傻！

我忍不住淚雨滂沱。

想著這就是媽媽吧，總是牽掛著孩子生命中的每一個細節，保衛著他們不受一毫冰冷的傷害。可是媽媽你知不知道，你的愛，便是唯一可以穿透我生命的溫暖。

記得地理老師曾經說起過，月亮總在與地球同步地變換著角度轉動，一千年，一萬年，令地球上的人，一生也看不到它的另一面。但我想我總會變得聰明一點，像阿波羅登月一樣登上媽媽的心，讓她剩下的生命裡所有清苦的時光，都因我的熱情而閃出幸福的光亮。

前面的路上，一個熟悉的背影匆匆地走著，因著焦慮而顯得略微的搖晃。是媽媽！「媽——」我大叫著衝了過去。她的手裡拎著一隻大大的紙袋子。我快速地搶在手裡。

「哎，——是你啊？！」那一刻，媽媽疲倦的臉上寫滿歉疚的驚喜。「你不是嫌那件毛衣笨嘛，我就又去給你買了一件，乳白的，喜歡吧？」說著話時，竟是孩童一樣驕傲而又期待的神情。

「媽，你冷不冷？」不知怎麼了，我突然很想問這句話。

「嗯？我不冷，你暖和，媽就暖和了。」

我愣了一下，忽然發覺天下的母親真的都是相似的。

相似的母親，鑄就了同樣溫暖的幸福。

「哎，那個包那麼沉，不用你拎的！你給我回來！」我在前面大步地走著，媽媽在背後焦急地叫著。

慈母在後，我將永不能止息。

上文提到過，每個人對待親情的態度，似乎都有一個很相似的過程：天真地以為「世上只有媽媽好」——習慣之後以為一切都理所應當並逐漸麻木——借著叛逆的小性子衝家人喊「煩死我了」——忽然受到一些刺激開始有意無意地反思自己的惡劣態度——懂得翻開往事來甜蜜地回味又一次確信世上真的只有媽媽好⋯⋯

李雅文的這篇〈背後〉，就給我們講述了這樣一個你我都很熟悉的過程。講得很真實，所以講得很好聽。

最近我讓學生寫了一系列的話題作文：「等待」，「瞬間」，「門」，「牆」，「之後」⋯⋯每次收上作業，都能看見很多同學寫到了「親情」：

上高中以來，每天下午最後一節課便開始焦急地等待放學的鈴聲，而不像先前那樣，非要玩到天黑才往家裡去。哦，那是因為姥姥搬來一起住啦！她必定是做了我最愛吃的炸醬麵擺好了碗筷等我；更要緊的是，我只要走到離家最近的那個胡同口，一抬頭，便必定能看見姥姥靠在陽臺上張望等待。

夕陽中的那方窗玻璃後邊，映著一張慈愛無比的臉龐。姥姥總是比我看見她更早地看見了我，隔著玻璃窗朝我揮手。那是一個幸福無比的瞬間。記得小時候住在姥姥家，她最愛捏我的小臉了。嗯，直到現在我長得比她高出了兩個頭，每次進家門的第一件事，就是半蹲下來，給姥姥捏我的臉；捏完左邊，再探出右邊。姥姥的手越來越蒼老，當她的手指粗粗糙糙很有質感地在我臉上劃過的瞬間，我似乎感覺到了祖孫兩輩間血脈的源流。

每次進家，我是絕不需要敲門的。心思細膩的姥姥，總能算好我快要爬到五樓的時候，提前幾秒鐘打開門栓，留下一條不寬不窄的門縫。透出的燈光，剛好照亮我爬上六樓的每個臺階。推開門，腳邊就是我的拖鞋。那擺放的位置恰到好處，方便得我在換鞋的時候無須挪動半步。

姥姥已經好幾年沒來我家住了，翻修一新的屋子，她明顯有些不大適應。有時候我發現她會好半天地對著一面牆壁，發呆，偶而又傻傻地偷樂著嘟囔幾句。我問她，她總是神秘地說「沒事兒沒事兒」。後來才從媽媽嘴裡得知，姥姥是在懷念那堵牆上的幾道「身高線」。我才記起來，小時候姥姥的確經常把我摁到那牆邊兒，拿一節鉛筆，標記我不斷長高的身高。後來裝修的時候，重新刷白了牆壁，那些密密麻麻的線都不見了蹤影，連同在姥姥的記憶裡她的外孫女小時候的模樣兒。

很多事情，做的時候不知道有什麼意義，而結束之後才恍然大悟，乃至追悔莫及。比如在我狼吞虎嚥地吃完炸醬麵之後，姥姥才開始吃，連同我碗裡剩下的；比如每次上學說完「姥姥再見」之後便匆匆地奪門而去，連同姥姥的囑咐和嘮叨，一同甩在了門後。聽媽媽說姥姥下個月就又要回老家去了，我不知道，等姥姥走了之後，我又會想起多少個「之後」來。

你看，我將幾位同學寫到的親情題材，收攏在一起，是不是一篇很完整很順暢的文章呢？

這樣兒的事情，都幾乎相同地發生在每一個家庭裡，發生在每一對祖孫之間。你儘管去把它寫進作文裡好了，保準感動一大片人。

還有一種情感，我也將其歸於親情的範疇，那就是「鄉情」，這是一種特別的親情，是延伸到了院牆之外的親情。

心懷鄉情的人，家鄉的每一寸熱土，每一樹花草，每一聲親切的鄉音，每一個熟悉的面孔，都附帶著幾多溫暖的故事。

不是每一個中學生都有背井離鄉的經歷，如果你有，也請你一定珍惜。

今天開始，留一點兒心思，在家。

抓住身邊微小的感動
——我是怎樣作文的

張馨心

北京四中二〇一二屆，現就讀於南京大學。四中雲脊話劇社前社長。
愛好讀書、旅遊、美食、看足球。平時寫點兒雜七雜八的東西。
天生樂觀而又敏感，對生活有著自己的追求與熱愛。

前幾天接到黃春老師的電話，讓我談談關於親情題材作文的寫作感受。作為一個好久都沒有寫過考場作文的人，一時間還真不知道如何下筆。於是翻出了高中時候寫的幾篇文章，看看以前的我寫過的稚嫩的文字，寫下現在的我想和學弟學妹們分享的東西。

再讀自己的文章，在感慨當初的文筆慘不忍睹的同時又的確找回了當時寫下那些話語時的感動。我一直堅信的是，如果想感動閱卷的人，首先要感動自己。記得初中的時候，我朋友的一篇寫母愛的文章被選為範文在班裡朗讀，她自己讀到一半就哽咽了，當別的同學幫她讀完之後，我清清楚楚地看到了語文老師眼裡的淚水。我的朋友，作為一個女兒，感動於母親的愛。而我的老師，作為一個母親，感動於孩子知恩圖報。當然，我不是說每一篇作文都要寫的人家掉眼淚，但最起碼寫下這些文字的人應當是富有感情的，真誠的。

那麼如何才能夠擁有這些感動自己的素材呢？答案你們肯定已經聽過很多很多次了：要有一雙善於發現的眼睛。那麼如何才能擁有一雙善於發現的眼睛呢？我的回答是：熱愛你的生活，用充滿善意同時又具有批判性的眼光去看待周圍的事物和人物。抓住身邊微小的感動，在一件事發生之後用一分鐘去思考它，記住它，不要讓獨屬於你的、豐富的生活體驗從你身邊白白溜走。

說回到關於親情的題目上來。我之所以經常寫有關親情的東西，是因為我認為，親情是離我們最近的素材，同時，親情也是最好把握的素材。每個人都有自己獨特的故事，寫自己媽媽的故事總比寫感動中國裡的母親的故事來得容易一些，更何況，我的親人所帶給我的感動一點都不遜色於電視報紙上所報導的感人事蹟。習近平總書記所說的中國夢、柴契爾夫人去世、西班牙經濟危機、某一個勞模的光榮事蹟、「最美××」到底美在何處……這些東西跟我們有關係，但是沒有那麼大的關係。我很贊同我們要有大視野，要知道遠方的人都與我們有關，但是這一切的前提是首先要能看清我們身邊的小世界。我看到，我的世界裡有家人深沉但是不輕易說出口的愛，有時間飛逝親人老去的無奈，有一家人分隔兩地卻仍舊彼此掛念的親密。身邊的故事如此豐富多彩，為什麼不把它們都記錄下來呢？而且，有些東西，因為太小，看起來太平常，不寫下來，就會忘記的。有些作文題目就是很好的機會，讓我們留下身邊的一點一滴，多少年之後再翻看，一定會頗為感慨吧！

說完了為什麼要寫有關親情的作文，下面來說說怎麼寫。當然，這不是寫作指導，只是我個人的一些習慣，拿來和大家交流一下。我的文字一向是很簡單的，我不喜歡大長串的描寫、華麗的辭藻，只是平平淡淡的描述就足夠了。但是因為有感情在裡面，也可以很飽滿，很打動人。比如在〈行走〉裡，我是這樣對比爸爸年輕和變老的樣子的：「前幾天，無意中翻出一張父親年輕時的照片，我只能用『雄姿英發』來形容。照片中的父親有著一頭烏黑濃密的頭髮，和一張青春富有活力的面孔，他正在飛身撲出對方射來的球，矯健的身姿高高躍起。我看了一眼坐在身旁的父親，頭髮比原來少了很多，而且已是黑白相間，抬頭紋和魚尾紋宣告著他的青春的一去不復返，啤酒肚也明示著父親已步入中年。」只是幾個細節的描寫，無須贅述，父親的形象就可以很鮮明。

另外，我覺得簡單的對話也是可以表現出很多東西的。比如以空間為主題的作文〈爸爸不在家〉中我就寫下了如下的對話。

不知道從什麼時候開始，每隔幾天的晚上，總是會有這樣的一通電話。

爸爸：「閨女，挺好的吧。」

我：「嗯，挺好的。」

爸爸：「你媽挺好的吧。」

我：「嗯，挺好的。」

爸爸：「我也挺好的。」

我：「嗯。」

爸爸：「北京挺冷的吧。」

我：「刮大風啊⋯⋯」

爸爸：「多穿點啊。」

我：「嗯。」

爸爸：「行，挺好，掛了吧。」

我：「行，拜拜。」

其實我們的對話並沒有什麼很重要的信息蘊含其中，但是這就是真實生活的記錄。因為一個在北京一個在上海，彼此並不是特別了解對方的生活到底是怎樣的，只能說說天氣，泛泛地講兩句話，但是短短的對話中透露的掛念之情卻是難以忽視的。

寫有關親情的文章最重要的就是細節，有的時候是一點點的對於表情、動作的描寫，有的時候還可以是細細的羅列。比如在〈不能忘〉中，我就是這樣寫的：「去姥姥家的時候，總能看到她的小本上記得密密麻麻的東西。我們臨走前，她就掏出小本來，對著上面列的，給我們裝東西。『白薯、老玉米、燒餅、布丁、巧克力⋯⋯齊　！』然後笑得一臉燦爛，把塞滿東西的包給我。這樣還真就沒忘過一樣兒東西！」對於給我裝的東西的羅列，體現了姥姥的細緻和全方位的關心，生怕我吃得不夠多，營養不夠。同時，這麼多東西一個老人肯定是記不全的，所以她才要把它們寫在本子上，可謂用心良苦。

當你用心去關注周圍的人和事的時候，就會發現身邊真的有太多的微小的感動。比如我的身邊，媽媽為了關注我這個在外地上大學的閨女特意去註冊了人人，她的人人裡只有我一個好友；我半夜起來看球的時候能夠收到爸爸的短信說某個球員換了髮型不萌了，讓我知道，他也在陪我關注著這場比賽；我每周五晚上給姥姥姥爺打電話都是響一下對方就接通了，顯然是一直守在電話邊上；爺爺奶奶總會說他們挺好的，沒什麼事，等著我放假回家給我做好吃的。我相信你們身邊也有類似的事情，這一切的一切，難道不值得積累下來嗎？

當你積累了很多素材以後，看到一個題目就可以在你的「素材庫」裡搜索，如果有合適的，自然而然就用上去了。當然，一定要記住，寫作的素材不是為了用而用的，有些題目一看就是寫議論文比較方便的，千萬別硬要寫關於親情的文章。寫作永遠都是在有感而發的時候才是最快樂、最順暢的。

嘮嘮叨叨說了這麼多，希望能夠對學弟學妹們有所啟發。最後，摘一句爸爸博客裡的話作為結尾：「親人的愛是生活和工作的支撐，雖然中國人不大習慣用『愛』這個字，但是在一個溫馨的家庭裡愛卻是無處不在的。」相信你們也處於家人深切的愛之中，那麼，就抓住你身邊微小的感動，並把它們記錄下來吧！

就是想看看

張馨心

看，可以很膚淺，草草一掃，匆匆扭頭一望，都是看，但，看，也可以很深很深，深到心裡去。

我是姥姥姥爺帶大的，所以跟爺爺奶奶就不是那麼親。很小的時候，爺爺奶奶一抱我，我就會哇哇大哭，手腳亂蹬。所以奶奶總是看著在姥姥懷裡的我，就是看著，臉上也寫滿了幸福與滿足。

上了小學之後，每到寒暑假，在奶奶家待著寫作業佔據了我大半部分的時間。奶奶是小學數學老師，所以每當我寫數學作業的時候，她總是站在一旁，及時挑錯。而語文和英語，她就有點力不從心了，又只是坐在一旁，靜靜地看著。

再大一點，上了中學，我依然是寒暑假在奶奶家過，可主要目的不再是聽奶奶講數學，而是有人給做飯。數學題越來越難，甚至一些題奶奶已經看不明白了。她只能全程在邊上坐著，看著，不時感歎一下：「中學生題真夠難的，我孫女夠受罪的。」爺爺總是埋怨她：「你又看不懂，還在那兒待著幹麼！影響人家學習！」奶奶總是很有理地說：「我就是想看看我孫女！我看孫女，怎麼了？」

是呀，就是想看看。回顧這十五年的歷程，我好像真的是在奶奶的「看」中度過的。從蹣跚學步，到牙牙學語，還有演節目，主持典禮，甚至做一盤菜，玩電腦遊戲，都是伴隨著奶奶的「看」，那麼富有深意的看。

也許，當我不在身邊的時候，奶奶會盯著我的照片看，抑或把以前讓爸爸攝下來的我的表演翻出來一遍一遍地看，還可能把頭腦中的片段像放電影一樣回想幾番，在頭腦中看。但歸結起來，我想，奶奶是在用心看，看她的寶貝孫女。

就是想看看，就是想深深地愛。

不能忘

張馨心

姥姥愛忘事。

在家裡總是能聽見這樣一些問句：「我眼鏡哪兒去了？」、「我剛看完的報紙擱哪兒了？」、「我忘了把筆放哪兒了，你記得嗎？」……每到這種時候，家人總是哭笑不得，剛放下的東西，轉眼就忘，這老太太！所以姥爺給她起了個綽號——「忘事王」。

以前每次去姥姥家，她總會準備一大堆東西給我們帶回去，但每次也都得忘帶點兒東西，這回是牛肉忘給我們了，下回是給我買的糖葫蘆被她忘在了冰箱裡。一打電話，她就總是懊悔，這回又忘了什麼。

最近這忘事的狀況終於有所改善，因為姥姥找了個小本，把所有事都記下來了。

去姥姥家的時候，總能看到她的小本上記得密密麻麻的東西。我們臨走前，她就掏出小本來，對著上面列的，給我們裝東西。「白薯、老玉米、燒餅、布丁、巧克力……齊　！」然後笑得一臉燦爛，把塞滿東西的包給我。這樣還真就沒忘過一樣兒東西！

姥姥的小本上除了記給我們帶的東西，還記各種關於我的事。

哪天要去哪兒玩，什麼時候回來；哪天有考試，考哪幾科，考到幾點；哪天放假，哪天開學……都一一記錄在本上。

於是，臨行前總能收到她的短信：「祝一路平安，好好玩兒，注意身體。」回到家又能看到她發來的「好好休息」，考試前收到「祝考好，姥姥等你的好消息」，開學前又有「檢查好要帶的作業，好好學習」。這些短信，姥姥一次也沒有忘記發過。

我上了高三以後，姥姥不知從哪兒弄到一份「高三時間表」，把每一個時間段和要做的事抄在了她的小本上，說：「孩子要高考了，這些大事不能忘。」

的確，是不能忘，不是不會忘。在關於她自己的事上，姥姥還是那個「忘事王」，還是總忘記自己把東西擱在了哪裡。可是在有關我的事情上，她告訴自己：「不能忘！」因為這些事兒關係到她的寶貝外孫女，她得把它們一件一件，詳詳細細地記在小本上，然後按時間做點兒自己力所能及的事。絕對，不能忘。

行走

張馨心

我在走上坡路，父親在走下坡路。

——題記

前幾天，無意中翻出一張父親年輕時候的照片，我只能用「雄姿英發」來形容。照片中的父親有著一頭烏黑濃密的頭髮，和一張青春富有活力的面孔，他正在飛身撲出對方射來的球，矯健的身姿高高躍起。我看了一眼坐在身旁的父親，頭髮比原來少了很多，而且已是黑白相間。抬頭紋和魚尾紋宣告著他的青春的一去不復返，啤酒肚也明示著父親已步入中年。

「哎呀，你看看我這十多年前，多瀟灑呀！」父親向我炫耀，「可這一晃兒，十多年就這麼走過來了。」是啊，十多年，走過來了。

記得父親曾經對我說：「剛生你的時候呀，就想，這孩子什麼時候能叫『爸爸』呀？後來連《三字經》都背下來的時候，就想，我閨女什麼時候就該上學了？再後來考上一個好高中，我現在就想，閨女什麼時候上大學啊？什麼時候就該工作了，然後就離嫁人不遠了。想著想著，我也該老了。」

老了？老了。走著走著，父親就老了。

小時候那《三字經》不是父親教我背的嗎？怎麼十年過去，我還記得，父親卻只能想起來一兩句呢？小時候總跟父親去跑步，總是我跑一圈，他跑兩圈。現在怎麼反過來了呢？小時候總是父親叫我起床，現在賴床讓我叫的怎麼是他了呢？

走著走著，我長大了，父親卻老了。

在時間中行走，只能向前，不能後退，我多麼想讓父親繼續年輕，可他無法停止向前的步伐。

在時間中行走，從我出生的時刻開始，我的軌跡是單調增，父親則是單調減，操勞的減。

在時間中行走，我同父親都在前進，我走向人生的輝煌時刻，而父親卻走向衰老。

記得背政治的時候提到了共產主義，父親一臉驕傲地說：「你現在在我這兒過的就是共產主義，要什麼就拿，而且已經過了十五年。」

是啊！在父親的寵愛和保護以及幫助之下，我已經走了十五年了，父親也已經付出了十五年了。我在被愛中行走，走得很快。

但我堅信，再走幾年，形勢就該大變了。幾年後我會攙著父親，一起走，慢慢走，幸福地走。

張馨心同學的三篇作文，寫奶奶，寫姥姥，寫父親，寫得好極了。好在哪兒呢？語言？結構？都不是。好就好在兩個字：真，情。其實，真與情是一個字。真了，就有情了；動情了，也就真了。

奶奶總是感慨：「中學生題真夠難的，我孫女夠受罪的。」又對爺爺說：「我就是想看看，我看孫女，怎麼了？」姥姥一天好幾次地找眼鏡找報紙，而在外孫女要走的時候，「白薯、老玉米、燒餅、布丁、巧克力……齊　！」還有她的那張「高三時間表」。

父親總在想：「閨女什麼時候上大學啊？什麼時候就該工作了？然後就離嫁人不遠了。想著想著，我也該老了。」讀著讀著，你就會發現，這文中所寫的，不就是我自己的奶奶、姥姥、父親嗎？不信的話，你讀給他們聽聽。

然而，儘管每個人的親人都是這般的可愛，但並非每個人都知道。如果你做作業的時候一直把自己鎖在房間裡誰敲門你也不應，如果你總是藉口學習忙連過年過節都不願意陪爸爸媽媽去趟姥姥家，如果你十五歲了還總是天天抱怨父母太嘮叨太嚴苛，那麼，你是不知道奶奶喜歡看著你的，你是不知道姥姥有張高三時間表的，你是不知道父親又添了白髮的。你說呢？

我們知道了張馨心同學的奶奶、姥姥是這般可愛、可親、可敬，當然得感謝張馨心同學在繁重的學習生活中，在心裡、在眼裡，還能裝著長輩；尤其是在考場裡，還能如此真切地暢發親情之幽。

張馨心同學用親情來寫「看」，總比矯情一下寫陶淵明悠然見南山要好得多；張馨心同學用親情來寫「忘」，總比矯情一下寫民族恥辱不能忘要好得多；張馨心同學用親情來寫「行走」，總比矯情一下寫徐霞客司馬遷走遍天下要好得多。

為什麼？就因為親人最親，感情也就最真。

黃春

親人與寫作
——我是怎樣作文的

張程

北京四中二〇一二屆，現就讀於北京大學。

「平和、恬淡。一雙清澈的眼睛，嚮往著每一個單純的小幸福。她在字裡行間的訴說，如同盛夏清晨裡的露珠：小巧、輕盈，卻裝盛著整個初升的太陽，映散著耀眼的光芒。她善於講述身邊的點滴，筆尖裡流淌著的是生活的智慧；她善於捕捉生活中的瞬間，卻無時無刻不傾訴著生命的大義。」（摘自北京四中「流石文學獎」頒獎詞）

親人對於我一直是非常特殊的存在，不光是因為他們總是向我提供無條件的愛。他們真的比我還了解我自己。

和長輩的交流是我成長中最重要的組成部分。我很幸運，我母親在我很小的時候就不再單純地把我當小孩子看。雖然必要的時候她也會拿出母親的威嚴，要求我遵守她的原則，但她承認我的思考能力。從上小學起，凡事她都會和我講道理，多複雜的事都要一點一點掰扯清楚。我父親對此曾有質疑，一來他覺得我聽不懂，二來覺得這樣做沒有必要，但我媽堅持這樣。

她的努力造成的直接成果就是，我在和她說話時很膽大。因為她沒把我當成小孩子，沒有居高臨下，於是我也敢於和她滔滔不絕地辯論。所以小的時候在飯桌床頭，我向她發表過很多幼稚的議論，關於夢想的價值，關於感情的作用，關於世界的結構，身邊的或是遠方的，無一不談。她永遠認認真真地聽著，不像老師評判同學的發言，而是真誠地和我討論。這樣討論了十多年，我明白了如下道理：

我可以有也確實有完全屬於自己的想法。

父母的意見是基於他們的生活閱歷的。

對於他們的建議，我應當先接受，然後在實踐中驗證，作出辯證的評判。

因為母親，我樂於和其它人交流。在聽他們的話時，我也努力不武斷地認為他們過時死板或不切實際。我會思考是怎樣的經歷讓他們有這樣的想法，結合這隻言片語中模糊的線索想像他們每個詞句背後的故事。這樣努力著盡可能完整地看待周圍的每個人。

在這樣的交流中給我益處最大的是我姥姥和姥爺。和母親一樣，他們也願意平等地和我交談。歲月的痕跡是他們的勳章，無形中給他們的話增添了分量。他們說的話簡單得有些單調，有時候一句話還會翻來覆去地說。但是他們做到的遠比說出的多，這使他們的話更加有說服力。姥姥家陳設很簡單，四白落地的牆，灰白的瓷磚，一張木板床從平房搬到樓房，從這棟樓房搬到那棟樓房。

大衣櫃的鏡子映著出生的我，小學的我，中學的我，還有現在的我。外面的世界一直在變化，我的世界一直在變化，姥姥家的日曆一直是二〇〇六年的那一套，每年年初姥爺都修改一下上面的月份。簡單是他們的樂趣，是他們養大兒女的資本，也是他們留給我這一代甚至我的後代的財富。做完正事兒再娛樂，不好大喜功，不貪便宜，順其自然，一條一條訓誡有力地敲打著我的生命。

我說這些好像和寫作沒有什麼關係，而且我的這些經歷也並不能為大家的作文提供什麼參考。說實話，寫作是一件很個性的事情，是對每個人的性格和經歷的體現，我不相信有什麼寫作竅門能用幾句話說清救眾考生於水深火熱之中。但說到寫親情，我相信很多人都會覺得俗。寫了十來年作文的人尤其感到親情的羞於啟齒。我也不太擅長單純地謳歌母愛父愛，作煽情的文章。我只是想給你們提供另一個思考的角度。寫親人並不一定要情意綿綿，滿懷感激。面對鏡子裡的自己，我們要客觀地想一想家庭在我們身上留下了哪樣的痕跡。是哪些事情塑造了我們這樣那樣的習慣，讓我們有了這樣那樣的觀點。

這樣不用任何技巧地，我們可以把自己和家人的故事講出來。我記得我兩個同學的文章，其一是寫父親的側影。他不外是對父親每天接送他時手握方向盤的側臉進行了描寫，這若干年風雨中穿行，父親日漸蒼老，而握著方向盤時的那副神情始終沒有變過。在讀這篇文章時我也想到我自己的父親，他每日接我上下學的日子，想到他為討好女兒每天一斤的糖炒栗子，想到他在我心情低落時毫無重點地傻呵呵地說著「神馬都是浮雲」。甚至還能想到他無暇關注而我卻次次不落的溫榆河上的春光秋色。

這些聯想看似沒有關聯，但卻真真地說明了親情話題最容易引起共鳴。這些片段說起來輕描淡寫，但無一不直指同一個主題。只要你願意帶著微笑回憶過往，從最最平凡的記憶片段中也能生長出許多話來。沒有什麼是不值得寫的。

另外一個同學的故事更加曲折。她和媽媽的關係不算好，常常大吵。她曾經覺得她們永遠也不能相互理解。但有一次在她們對吼的過程中她媽媽說了一句話：

「我也是頭一次當媽，怎麼就能事事對你理解得都那麼到位呢？」

她們那一次的吵架沒有立刻停止，但這句話留在了她的腦子裡，在她心中不斷盤桓，每轉一圈都有更深一層的含義。然後在夜深時分，她看到了父母為了靠近她理解她所做的笨拙卻真誠的努力。她反思了自己，自己一直認為既然他們是當爹媽的，就理所當然地能夠完全透徹地理解自己。而自己對理解他們沒費過半點心力。她改變了對人與人之間相互理解的看法。

《生命不可承受之輕》中彷彿有這樣一種說法，有的時候小說中的人物僅僅生於一句在頭腦中揮之不去的話。我們亦不必局限於一件事情一番議論的套路，由一句話一個形象揮發開來，寫出你的聯想，將這些珠子串成線，不那麼規整但滿滿的都是真誠。

當然，平時我們要多加練習。不光是在成文的時候，平時儘量讓自己完整地看待身邊的人，揣摩他們的所思所想，將你領悟到的，或模糊地體會到的，結合著對一具體意象的描述，混成一個不可分割的整體保存到你的詩化記憶中去。這個過程是練習，也是對生活的享受。

當然，多動動筆，嘗試調用詩化記憶也是十分必要的。

最後，讓我們再次拋開寫作。開頭我說親人們有時候比我們自己還了解自己。其實生活中許多時候我們都會忘了自己真正想要的是什麼。或者說，能從始至終目標明確的人少之又少。在該做選擇的時候，我們經常陷入「當局者迷」的困境。又一次我不知如何是好的時候，我給我媽打了電話。她了解了我的疑問，詢問了我模糊的意向，還有搖擺的原因。然後她說：

「你這個孩子吧，嘴上不說，心裡老是較著勁和別人比來比去。真正讓你不和別人競爭你是做不到的。所以旁的事情暫時能讓你轉移注意力，正事兒沒做好你不會真的快樂；所以與其讓旁枝兒迷惑你，不如全神貫注地做好一件事。」

還有什麼可說的呢，這不是對我極精闢的分析嗎？

有一兩個遇事能商量的家人是幸福的。所以平時多和家裡人聊一聊，心交心，說不准哪一份溫情能拯救面對空白稿紙的你，也說不定哪一句話能助你作出果敢的人生選擇。

跪著仰視著

張　程

記得有一次我正在屋裡念書，我爸的電腦出了點毛病。他叫我，讓幫著整整。作業如山，我不免有點不耐煩，好在不是什麼大問題，沒兩分鐘也就好了。

臨走的時候，我隨口說了一句：「這都不會，還玩電腦。」還沒進屋，聽見身後傳來了一句聲音不大、語調很平的話。那句話砸在了我的心裡。

「你現在是不是特看不起你爸？」與我媽，大概也有類似的事兒發生過。我與她關係甚密，有時常常忘記輩分的差別，無話不談。但有一次，我好像把話說造次了，她忽然收起了笑，沒生氣，卻很嚴肅。

「孩子，記住了，不論咱們有多好，鼻涕不能倒流，得有分寸。」她如是說。

每次這樣，我總想辯解：我不是真的，我只是太放鬆了，我完全沒有看輕過您，我從沒想過對您不敬。但我還是放棄了辯解，我開始捫心自問：或許不經意間的流露，才是真實的；或許不經意間我已培養了我的自負與任性，忘記了原有的敬重與應有的禮貌。

我自覺我的問題並非最重的。我常聽同學講與家長關係不好，往往有這樣的抱怨：他們不聽我說話，他們什麼都不懂，他們不了解我們現在的心情，他們的話我不用聽都猜得出。我們不自覺間，便表達了對父母的輕視。我們越來越不聽話了，或許是因為他們講的話，統統不對。我自己已很高明。

那天在廚房幫我媽剝蔥，我蹲在她腳邊，她背對著我，忙這忙那。我偶一轉頭，忽然找到了一種遙遠而又熟悉的感覺。我重溫了那個特別的視角，完完全全的仰視，這與我記憶中那個「高大可依靠的媽媽」完全吻合。她的背影占滿了我的視野，讓我想到了許多。我想到她在我這個年齡的樣子，想到她所走過的路比我漫長得多；想到我小時候，她在我心中是那麼淵博；想到她所教我的所有，想來想去，沒有一樣不是我自豪的理由。我有什麼理由看輕她呢？我又有什麼資格說，她不懂，她說錯呢？

看到某校「跪父母，接家書」，我覺得這不正是一個表達孝敬的行為嗎？當跪下的時候，又是那個仰角了，或許自此以後，我們就能知道我們該怎麼想，怎麼做。

給我們一次仰視的機會，提醒我們這一代人，對父母應懷有長久的尊敬與愛戴。我們可能看見日漸傴僂的身軀中仍舊包含著力量，日漸暗淡的眸子裡仍充滿生活的智慧。或許，我們明白了這些，便長大了，也或許沒有。不論如何，跪天跪地跪父母，總是天經地義。

張程同學在思考「該不該給父母行跪禮」的時候，巧妙地避開了「跪」這一動作本身長期以來被等級社會附加上的種種卑屈之意，而是抓住了「跪」時看世界的「仰視」視角。這太高明了。然而我篤信一點，如果我去問她為什麼能有這般妙想，她一定會說：「我也不知道，當時就這麼想的。」這個不大負責任的回答，其實是答到了問題的本質。她為什麼「就這麼想」，因為她在想起「跪父母」的畫面的時候，就真真切切地想起了「有一次自己蹲在媽媽腳邊抬頭看著媽媽的背影」。儘管不是跪，但她還是意識到了人一旦跪下來仰視，便會湧起對世界更多的尊敬感。她還想到，為什麼青春期的子女會對父母那麼逆反，就是因為長高了，視角不一樣了，捨不得放低身段了。

張程同學說：「跪天跪地跪父母，總是天經地義。」其實是要我們學會仰視父母，尊敬父母。

當所有人都在想盡道理來大談特談「跪」的利與弊、可與不可的時候，張程同學不說理，只說情。情到深處，比理直氣壯，更有力量。

黃春

說廢話

張　程

我堅信我說廢話的毛病是我媽培養的。

從上學第一天，我媽接我回家，走在路上，媽媽讓我講講在學校發生的事。

我以為她讓我說說學習了什麼，便把每一件在學校發生的事都向她作了彙報。

說完了，她問：「還有呢，還有呢？」我迷惑了。她鼓勵我再說上點別的。我想了想，說：「老師的裙子好看。」「還有呢？」「有……有一個男生挺帥的。」她笑了，就此我打開了話匣子。

我什麼事都愛和我媽說。晚飯時往往我爸先退席，我與我媽聊天不止。常常過一段時間，正在我們聊得正酣時，我爸會喊上一句：「別淨跟孩子扯廢話！」然後我媽會立刻給予回擊：「什麼叫廢話！這叫溝通。」

不過，我們的溝通確實很廢話。從老師穿著，到同學八卦；從課堂趣聞，到考試分差。媽媽從來不能實際地解決我的問題，但事實是，我與媽媽的溝通使我們的心很近，而爸爸總是坐在沒開燈的客廳一個黑暗角落裡吸煙。

高中住宿了，與媽媽聊天說廢話的時候也少了。每天晚上給家裡打電話，沒說幾分鐘便要匆匆掛掉上自習去。沒時間，說不起廢話了。

昨天打電話晚了點兒，媽媽睡下了，是爸爸接的電話。我很無奈地發現，跟媽媽說不完的話到了我爸這兒竟一句也說不出。他不了解我，也從沒在任何時候表達過意願。對生活情況簡要彙報後，我說，我要去自習了。

令我驚訝的是，爸爸說：「別急，再說一會兒！還有呢？」

我心中一動，「還有呢」？沒有了，我爸爸連我高考考哪幾科都不一定知道，還有什麼呢？

「沒有了。」

「晚上吃的什麼？」他沒有掛的意思。我做了回答。「最近復習了什麼？」我回答了。「對了，你媽買了一件新衣服。」我說知道了。「我用你媽的血壓計測血壓，你猜怎麼著？我才八十，一百一十！」我說知道了……這天，他跟我說了這麼多廢話，我不忍催他掛，我適當地給予他鼓勵。

掛了之後，我在廁所偷偷哭泣。廢話，儘管有時是那麼浪費時間，但聽者總在一些時候可以從中獲得這樣那樣的心靈的震動。

沒有了廢話，那還叫家嗎？我曾經在課堂裡講解親情的時候蹦出一句經典名言：「使你感到無限負擔的情感，便是親情。如果你還願意擔著，便是孝心。」學生們都不解，我說你們慢慢會明白的。

你看，關心你學習的，可以是老師；關心你身體的，可以是醫生；陪你開心的，可以是同學朋友。那父母呢？父母對你的關心，有什麼不同呢？

張程同學是理解的。她說：「說廢話。」每天你上學出門，媽媽總要說「過馬路小心點兒」，你嘴上說「知道啦」，心裡嘀咕「廢話，我都十六歲了」。

每天晚上十點，爸爸總要說「早點兒睡覺」，你嘴上說「知道啦」，心裡嘀咕：「廢話，這麼多作業你幫我寫啊」。

聽得耳朵都起老繭了，這叫負擔；你願意這老繭越來越厚，這叫甜蜜的負擔。張程同學躲在廁所裡偷偷哭泣，之後的日子，她不僅跟媽媽說廢話，肯定也愛聽爸爸說廢話。

今天，你廢話了嗎？

黃春

夢中所想

張　程

我聽人講過，理想理想，有時只成了「在心『裡』頭隨便『想想』」。由此引開，我們天天所說的夢想，最後也可能變成「在『夢』裡偶而『想想』」了。

這樣想來，我的「夢想」還真多！一閉眼，便被引去了另一個國度。但有那麼幾幀畫面，總是伴著「夢」這個字，浮現在腦海裡。怕是在夢境中出現頻率很高的吧？

夢裡偶而會回到小時候的那個家，會夢見一個晚上，我，爸爸媽媽，還有幾個鄰居坐在樓門口吃西瓜。吃著吃著，乾爹追著我乾哥哥出來，手裡拿著作勢用的皮帶，口中喊著：「好小子，給老子站住！敢折了老子的煙！」乾媽出來攔著乾爹，爸媽和鄰居們有的起來勸架，有些哄笑著轟著乾哥往筒子樓前平房後面跑。乾哥一臉得意，拐個彎去不見了。爸爸拍我一下，指指他，我便高高興興地追他去。拐過了彎，沒了路燈，只剩下月亮從楊樹縫裡灑下的光亮。我看他不見，正著急，突然見他從另一棟樓後面露個臉，笑著說道：「過來吧！」聲音又遠又渺茫，我便興高采烈地跑過去。大人們嘈雜的聲音也漸漸聽不見了。

有時候，一個夢這麼就完了，有時候還有下文。我記不住了。或許在夢裡我又突然理所應當地到了另一個地方，另一天。或許那不是個夜晚，而是個陽光明媚的夏日。或許不是乾哥哥說「過來吧」，從樓傳來的，也可能是那「磨剪子　——將菜刀——」的吆喝聲。

但夢裡的我都是快樂的。

還有一種夢，一種片段式的夢。夢裡我趴在車窗上，車在通惠河邊走著。我朝著河邊的院子看，數著過了幾個院門。我知道過了一扇大紅門，之後便是祖姥的院子。那院門本身我並不記得，因為它一年四季從早到晚幾乎都是開著的。院子前有一片極小的絲瓜棚。我知道我們去的時候，祖姥準在那兒等著我們，乘涼。

也許，我一看到那瓜棚，我便醒了。或許在夢裡我不是在車裡，而是坐在祖姥旁邊，在絲瓜棚下，捏著她手上的皮。我還會問：「為什麼您手上能捏起這麼大一片，而我的卻不行？」她笑著說：「因為你活得還不夠久。」或許我又進了院子裡，院裡種的是葫蘆。小姨爺爺會給我一個好看的小葫蘆，它或許是黄的，或許是青的。

在這些夢裡，我也都是快樂的。

有時候想起來好笑。小時候睡在九平方米的三人間裡，夢想著將來住上大房子，一進門便撲倒在沙發上。現在住著大房子，卻又夢見三口擠在一張床，向左翻身摟住爸爸，向右翻身摟住媽媽。誠然，我有許多遠大的理想，它們也在我的心中盤桓，卻不是夢中所想。一身疲憊，鑽進被窩，夢裡常出現的還是前面所寫，那幅青蔥溫柔的景象。

對的，我有許多理想，我也應該有理想，但我更需要一個安放夢的地方。溫暖的童年紮根在心裡，葉縫裡漏著給我力量的陽光。故人的笑，故處的美，故去的老人的慰藉，都是夢最珍貴的地方。

於是明白了，夢中所想，是係著理想風箏線繩的木樁。我快樂得很踏實，因為「夢想」，讓我有力量不讓理想只是在心裡隨便想想。

於是迷惘時，閉上眼睛，又投身於快樂的海洋。

有夢想，很容易。可是，做夢的動力從哪裡來？理想的土壤在哪裡？

這個問題，你完全可以在暢銷書櫃臺上找到五花八門的勵志書，裡邊有答案；或是去聽各種各樣的勵志演講，裡邊有答案。但是，你只是覺得「有道理」，卻從未相信過。因為你總覺得還是有點兒假大空，你最需要知道的東西是：

我把夢想安放在哪裡？不僅能保鮮，還能長大？

張程同學的夢想，安放在家裡。她說：「故人的笑，故處的美，故去的老人的慰藉，都是夢最珍貴的地方。」

有首歌叫《我們都是一家人》，歌詞寫道：「我喜歡一回家就有暖洋洋的燈光在等待， 我喜歡一起床就看到大家微笑的臉龐， 我喜歡一出門就為了家人和自己的理想打拼……我喜歡一回家就把亂糟糟的心情都忘掉， 我喜歡一起床就帶給大家微笑的臉龐， 我喜歡一出門就為了個人和世界的美好打拼……」我覺得寫得很好，寫出了每個人為夢想打拼時，最真實的動力源泉：家。

一家三口擠在一張床上，張程同學也能覺得家的溫暖，因為「向左翻身摟住爸爸，向右翻身摟住媽媽」。

有一個幸福的家，你還不會寫作文嗎？

黃春

描摹春暉
——我是怎樣作文的

羅琪

北京四中二〇一二屆，現就讀於清華大學。

雖然一隻腳已經踏上了實驗室苦工的不歸路，但我是一個會思考的實驗室苦工，不僅有理科的思維，還有人文的情懷。雖然大學裡不再有人強迫你學習語文、寫作文，《大學語文》只是一門虐心的選修課，但我們的一生都已經和語文綁定。這種綁定關係不是強買強賣，而是互惠共生。在它的陪伴下，即使你每天面對的都是枯燥而無趣的滴定，你也能在錐形瓶間發現彩虹。

說到親情題材的作文，大家可能有兩種典型的想法。一種認為親情「非常好寫」，流水帳一記、什麼「鬢角的白髮」、「眼尾的皺紋」幾個典型細節一描述、最後抒發一陣感恩之情，就 OK 了；另一種則認為親情「根本沒法寫」，每天在家也就那麼幾個小時，全在睡覺，親情的互動就那麼幾件事，什麼「給我端茶倒水送水果」、「跟我促膝長談表達殷切希望」，早就被寫濫了，也挖不出更深刻的內涵，上平均分肯定沒戲，還是不寫為妙。

我以為這兩種想法都不妥當。前者流於粗淺凡俗，後者則沒看到親情題材的廣闊。在此談談我對此類作文的拙見，或可稍改持這兩種觀點者的偏見。親情於我們是如影隨形的，材料理應十分豐富，但也不可忽視材料的積纍。同一件事情，依我們觀察的角度，可能為不相同的主題服務；依我們描摹的細緻程度，可以作為大事例、小事例，或排比句中的一環。

每個人都擁有親情的龐大材料庫，因此避免落入俗套是很重要的。不妨多多留心那些「非一般」的素材，或挖掘素材中「非一般」的含義。

「溫馨家庭」

家的溫馨，一定不只是「媽媽給我削水果」、「爸爸一大早起來開車送我上學」，或者「姥姥給我做了一大桌子好吃的」、「爺爺送給我一本好書」。這種事件描述適合小學生作文，而且給你削水果的還可以是邀你去家裡玩的任何人，一大早開車送你上學的還可以是開出租的任何人，給你做一大桌好菜的還可以是飯店掌勺的任何人，送你一本好書的還可以是與你同學的任何人。

如果能看到平凡的溫馨中不那麼平凡的一點——

或許你嗜吃芒果，而媽媽恰好對芒果過敏，她要先吃抗過敏藥，才能為你削好那黃澄澄汁水四溢的果實，而不讓手上鼓起大大的腫塊。

或許在每日漫長而無聊的車程中，你總是吃早飯、睡回籠覺、玩手機、背課文，爸爸沉默地為你開車，而偶然一天你和他聊了起來，發現他的建議原來那樣睿智，或者發現他和你聊天時，原來可以笑得那樣開心。

或許你每次去姥姥家都吃到一大桌好菜，你還讚歎姥姥怎麼每天吃這麼多大魚大肉都不發胖。而你偶然發現，她平時吃的是廉價速凍餃子、白水煮麵條，那吃不完的一大桌被她細細收進保鮮盒，要充當接下來兩天的下飯菜。年紀大了，一周做一次好菜就要消耗掉她大部分的精力。在我家，奶奶就常說：「你在家，我們過地主生活；你不在家，我們過貧下中農生活。」我和父母在家，晚飯往往盡是紅燒排骨、酸菜魚之類；而我們不在時，奶奶經常用炒白菜和醬豆腐、醃蘿蔔乾之類對付一餐，「吃飯也沒勁兒」。

或許你看不上爺爺書櫃裡那些泛黃的舊書和書市淘來的盜版，還總對他鑽研歷史事件不以為然，認為那些不是沒用的老黃曆，就是冥頑不化的舊思想。爺爺送你的書，你全部束之高閣，不屑一顧。畢竟有哪個小學二、三年級的孩子愛看文言文大部頭呢？然而當你閱歷漸豐，你開始理解千百年前的許多事，變得願意翻開那些壓箱底的書。這一轉變或許發生得及時，你得以和老人歷盡滄桑、溫文睿智的心靈進行交流；或許發生得太晚，你只能朝向天堂的方向，讓遺憾的歎息與收穫彙報書乘風而去……

家人給你的溫馨，一定不同於開頭所說的那幾種「任何人」。

「深深思考」

親情的世界裡並非只有歡笑和溫暖，也有同樣多的眼淚和傷悲。若曾發自內心地痛苦哭泣，想必在療傷平復的過程中，積累了深刻的思考。這痛苦的思考即是一筆寶貴的財富。

愛與死亡是文學永恆的主題。或許你很不幸地經歷了所愛者的死亡，亦即喪親；或許你同樣不幸地經歷了愛情的死亡，亦即失戀。我曾在短期內經歷這兩者，並在一次作文題為「忘」的考試中寫了一篇文章，算是該時期的滿意之作。(原文見後)

這是我的痛苦思考，你也有過痛苦的思考嗎？

「我的作為」

親情永遠是雙向的。大部分作文都花樣百出地寫父母長輩如何對「我」好，「我」體會到他們多麼愛「我」，並下定決心報答他們的恩情……但是，「報答」的行動在哪裡呢？只是被動地去接受愛，「我」的心意體現在哪裡呢？

幫媽媽洗一次腳、幫爸爸洗一次車之類的小事，本是理所應當的，不適合作為詳述事例來寫。仔細回想，你是否曾像親人對待你一樣，去真心地對待他們——小時候你總是大哭大鬧，母親總是把你攬進懷里溫柔地安撫，任你的涕泗弄花了她的衣衫。長大以後，你已經學會自如應對各種各樣的事態，不再會輕彈淚滴；而母親漸漸老去，她會不會哀怨於留不住的青春，甚至回不來的健康？

我的母親曾患乳腺癌，切除手術和化療前後的她始終受到身體、精神上很大的壓力。一向溫和樂觀的她變得敏感、易怒，與父親大吵大鬧後，半夜坐在床上哭。已經睡著又被驚醒的我爬起來為她遞紙巾、打水洗臉，安撫著她止住哭聲。她心情不好的那一年，我正從高二升入高三，每天要迅速寫完作業騰出一定的時間，和她單獨聊天，讓她的負面情緒能有出口。那時的我也並不成熟，家裡大人們向我說彼此的壞話、在我面前大聲爭吵時，我能做的也只有收好書包，假裝淡定地上學去，然後一個人在路上流眼淚，不給他們火上澆油。

幸運的是，在經歷了漫長的爭吵、冷戰後，我們一家人的裂痕並沒有越來越擴大，而是奇跡般地消融了。這並不是因為父母和祖父母單方面地關愛著我，而是因為我們擁有雙向的、堅實的親情，它可以戰勝各種各樣的阻礙，把我們聯繫在一起。

雙向的親情當然不只體現在患難當中。

小時候你認為父親是萬能的，總能神奇地解決你的一切疑問、修好家裡的一切東西；而現在，當他來請教學識漸漸淵博的你時，你是怎樣對他的呢？

小時候祖父母總是帶你遊玩、吃美食，給你講故事、買玩具，把每天的精力都獻給了你；而現在，當他們需要你幫助拿東西、攙扶上樓梯、打掃衛生、做飯洗衣時，你好脾氣地對待他們的各種要求了嗎？

……

正像小草的茁壯成長得益於春暉的照耀，「我」愛著他們，為他們做了這樣那樣的事，不是要顯示「我」有多麼孝順、多麼高尚，而是因為他們愛「我」那麼那麼深，他們教給「我」的道理那麼那麼多。

如果以上有某一點引起了你的共鳴，或者記憶深處的某一親情畫面真切地浮現在你的腦海，不妨試試就此作一文章，留作親情的紀念。

忘懷生死

羅　琪

我不知人是如何快然自足於所得，以致忘記了老之將至。「死生亦大矣！」古人的悲歎因何而起？我想大概是經歷夠了生的喜怒哀樂，見過了淒涼的生死相隔，方出此言罷。

父親總感歎我一瞬就長大了。「要是能回到你兩三歲時，我和你媽都還年輕，你小小的，那麼可愛，那麼聽話⋯⋯」他回憶著初為人父的驚喜。家裡厚厚的幾大本相簿中，我小時候的照片有許多。從剛剛誕生時的嬰兒模樣到穿著裙子在花叢裡嬉戲的女孩。這些照片背後是專注地端著相機的父親，用膠捲留下我成長的一幕幕。燦爛地笑著的一家人，彷彿沒有悲傷一樣。

但我知道，正如不能忘記懷抱新鮮生命的喜悦，他也不能忘記葬禮的陰霾吧。我祖父輩的親人們漸漸老去，開始消失在年月的磨蝕當中。

母親的繼父，即我的繼外公住在山西老家，因為分隔兩地等緣故，我們一家很少去看望。這位於我十分陌生、於母親則是闊別許久的老人，身體一直虛弱，從短短的過道這頭挪動到那頭，據說都要花上半個小時。這不容樂觀的情形沒能繼續維持下去。他辭世的時候，非常不巧趕上母親重病。父親請了假，代母親去料理後事。那些日子裡，我看到的盡是周圍親人凝重的神色。

同一年，奶奶的親妹妹、我喚作八姨奶奶的老人，亦放棄了她骨瘦如柴的病體。我對這位瘦小卻整潔的老人比較熟悉，這則黑色的噩耗，在我心上也就更切實一些。奶奶總愛講她和八姨奶奶幼年失去雙親後相依為命的故事，分享一毛錢一碗的羊肉湯，互相扶持著讀大學……她們每次見面，總有很長的親切的交談。而這交談不會再有了。我想像不出八姨奶奶的去世對她有著怎樣的衝擊，而她的反應卻出人意料的平靜。我記得躡手躡腳地推開奶奶的房門，預想著種種她在哭泣、摔東西的場景，就像平時發脾氣一樣。然而我看到傍晚略暗的天色在屋子裡投下陰影，沒有開燈的房間裡，白髮的老人衣著整齊，端坐在沙發上，表情平和，靜默不語。經年之後，全家去拜訪八姨爺爺，看到他書櫃裡擺放著各位家人的照片。奶奶對著八姨奶奶端莊含笑的臉，望了好久，說她那時多好啊！之後轉開視線不敢再看。那次聚會並未因一張照片變得多沉重，沉重的東西都已沉在心底。

如何忘懷呢？我只見過繼外公兩次，七年前的記憶早已模糊不清，以至忘了那位老人的臉。但我仍記得，他從抽屜深處翻出玻璃彈球和柔柔的毛筆，陪我玩耍。那幾間洋灰地的舊屋子，我這一生不會再見到了吧！母親那一早醒來，尚未得知任何消息，卻說夢見了螺旋的、長到走不完的樓梯，外公的聲音在下方喚她的名字。印象中的母親總是笑，而一條簡明到殘忍的死訊，讓她的臉頰掛著亮晶晶的淚水。那就是未經歷過親人去世的我，對「死亡」第一次清醒的認識。

我還清楚地記得什麼呢？每年的春節前後，八姨奶奶和八姨爺爺會來家裡做客。八姨奶奶吃飯挑剔，一般的菜肴難以合她的胃口。她所喜歡的多是醪糟湯圓、水果沙拉一類，總是和我分享。她帶來進口的臍橙，鮮豔潤澤的橙色同她的燦燦的白髮，構成我對她的顏色印象。電腦裡還存有她的照片，與我們同坐一桌，笑得開心的樣子。我還能清楚地回憶起她的模樣，而這樣一個當年還好好的人，是為何乾淨俐落地不存在了呢？早已明白她已不在，卻總有盼著她再來做客的莫名其妙的幻想。我想我遠未忘懷。

死生亦大矣！並不像小學生寫作文時擠出來的故事所述，有諸多哭到肝腸寸斷的場景。空落的隱痛是藏在淡然的臉甚至歡笑背後，幾乎像是早已忘卻。

失卻至親的老師們在講臺上依然瀟灑，半生共事之人的追悼會上並無涕泗滂沱。

我曾質疑成人們的心是否過於冷漠？經歷過的人對我說：這種心情很是複雜。

那時我想，沒有經過的我，怕是難以體會吧！

終歸還是要體會的，直接或間接，發覺死神安靜地來臨又安靜地離去，帶走曾經鮮活的生命。像是我還記得，卻再也見不到的兩位老人。有時候死神似乎來過，卻空著手離去，或者還在附近徘徊。在母親的病榻前，我由衷慶幸她沒有被癌症擊垮。經歷過至親去世的友人對我說，幸虧是如此，否則那種痛苦，不是脆弱的人心可以承受的。我的摯友在一通莫名其妙哭著結束的電話之後，便人間蒸發一樣不見了蹤影。我糾纏再三追問，在無數次明顯的謊言之中，有一個局外人說了不太真又不太假的話，告訴我我的朋友正在被化療折磨得不成人形。直到現在，我依然無法確定這一消息的真偽。倘若是真呢？我不無驚訝地發現，我同樣流不出眼淚，只有墜得沉痛的心情。那個人在斷絕聯繫之前，對我說：「好好活著。忘記我。」若說能忘懷生死，不僅無情而且無理。我想應該忘記的是貪生怕死之心，是不願面對現實的懦弱，是曾經錐心刺骨的劇痛。親友危急之時，我們照顧他們、為他們祈福；倘天命不遂人意，就帶著曾經的記憶與愛，好好活下去。那是每個人必經的路途，在這一程中，我們更加關心尚在身邊的人，更能感覺到人類災難的沉重、新生命降臨的欣喜。忘卻絕望，不忘生死之大。忘卻曾纏住腳步的瑣碎的事物，不忘堅定地繼續少了某個人相伴的路程，無愧於心地走到終點。那時候，再笑著與分別許久的他們相見吧！

生與死的問題，似乎不大適合中學生來評述。活脫脫的年紀，因為正是「生機勃勃」，而往往意識不到「生」之可貴；也因為離死亡還很遙遠，而必定體會不到「死」之可怕。中學生寫「生」，容易寫得輕飄飄；寫「死」，容易寫得淡淡然。總之，都不是真話，不是真情。

羅琪同學闖了個禁區，成功之處在於她近距離地體驗過死亡。正如她自己所說：「很不幸地經歷了所愛者的死亡，亦即喪親；又不幸地經歷了愛情的死亡，亦即失戀。我在短期內經歷這兩者，於是在一次題為『忘』的作文考試中寫了『忘懷生死』，算是篇滿意之作。」說得很好，體驗過，才能寫好。記得有學生寫回老家參加爺爺的葬禮，大家都在哭哭啼啼，可他發現越是親近的人，似乎越是無所謂。他覺得很奇怪，很是不解，來問我「為什麼」。我說：不知道，感情這事兒，因人而異。他沒有和爺爺一起生活，他只是個旁觀者，所以，他不懂為什麼哭，更不懂為什麼不哭。

不懂的事情，就別寫唄。

黃春

為你流淚

王天玥

北京四中二〇一三屆，現考取澳門大學。
滿足於宅在家裡的愜意人生，也嚮往遊走四海的旅行生活。
讀過聞名世界的文學作品，但更愛隨處可見的當代小說。最早喜愛著三毛的隨筆，
也曾沉迷於村上春樹的文學世界，但現在進化為雜食動物，看著網路小說，
手捧青春文學，不時在網上寫寫自己的文字，無比快活。

又一個深夜。在寂靜的黑暗中，我被一陣急促的鈴聲驚醒。刺耳的鈴聲紮進心裡，泛起陣陣不祥。許久，媽媽推門進來，對我說了些什麼，我點點頭，門再度關上，只留下了沉重的夜色。床前鐘錶的指針重合在一起，泛著幽幽綠光。

似乎又睡著了，似乎做了一個很長很長的夢。

我看見十年前的你。一套新換的藍色布衣，一雙布鞋，領著我的一隻小手，走在大街小巷之中。不時停下來，從口袋中掏出幾張破舊的毛票，買下一串糖葫蘆。我一路吃著，一路笑著，將剩下的幾顆山楂探到你的嘴邊，你眯縫著眼，大口咽下了一個，頗誇張地點頭稱好，伸出手寵溺地摸摸我的頭。一路走到黃昏，你坐在臺階上，擁著我，看走過的一個個背著書包的孩子，告訴我，要好好學習。我似懂非懂地點點頭，你又笑了，將我背起來，走上回家的路。我伏在你的背上，看著你黑白相間的頭髮隨著走路的節奏一顫一顫，看著天邊即將落下的夕陽，一老一少，似乎可以走遍世界。

我看見了幾年前的你。仍是那套藍衫，那雙布鞋，卻都已經泛白。你提著拐杖慢慢地走來，問我要不要散步。我指了指手中的作業，搖了搖頭。你卻不住地點頭，笑了，眯縫著眼。學習好啊，要好好學！你像在對我說話，又似乎在自言自語，顫巍巍地取出鑰

匙，我聽見了開門的聲音。你走了出去。我從窗外看你，你仍舊執拗地不肯用拐杖，只是提著它，像是要證明些什麼。你一步一顫地走著，有時停下來劇烈地咳嗽幾聲。你的頭髮已經花白，脊背也不再挺直，卻仍舊一步一步，走在我童年時的那條街上。但是夕陽西下，卻只剩你孤獨的背影。

我看見了幾天前的你。這次是白色的病服，白色的病床，白色的天花板，你就這樣躺在床上，手背上接著幾根透明的管子，連臉上也蒼白得沒有血色。我站在門口，不敢靠近，你卻突然睜開了眼，望著我的方向，含混嘶啞地說了些什麼，我卻聽不懂，只能望見你熱切的眼神。我移過去，猶豫著將手放在了你的手上，觸到了冰涼而粗糙的皮膚，感受到了那之下微弱跳動的生命。你的身體已經瘦弱不堪，眼神中也帶著厚重的渾濁。媽媽在一旁沉默地餵你吃飯，你卻沒有理睬，急切地想要表達，雙手在空中徒勞地揮動，望著我的方向，喉頭動了動，吐出的卻仍是含混的位元組。你不甘心地反覆重複，我的眼中發澀，看著你，說：「我知道了。你說，好好學習。」

我好像哭了。

醒來，枕邊一片潮濕。媽媽進來，沉默了半晌，說道：「爺爺昨天去世了。」我頓了頓，硬邦邦地答了一聲：「哦！」

走出去，看到了許久不見的親戚們。似乎是真的。我看到他們紅腫的眼眶，看到了櫃子上的那套藍衫，看到了那雙布鞋，突然感到臉上一片潮濕。

淚，為你而流。

一枝一葉總關情

王天玥

在整理爺爺遺物的時候，我才發現，他留下的東西真是少得可憐。總共也不過是幾本書，一間書房。那書房外就是社區的花園。

現在，不論是書房還是花園都已很少去了，沒有時間，更沒有目的。在小學的時候，與院子裡的孩子在花園中玩到很晚，天都黑了還不肯離去，便是爺爺來找我。爸媽那時都很忙，他卻不忙，見了我，也不說話，一個人找塊乾淨的地方坐下，一直等著我。倘若實在無趣，他就轉頭仔細觀察旁邊的枝條，偶而取下一枝拿在手中把玩，之後帶回書房，攢多了，也可以和我一起搭模型。

爺爺的書房並不大，一張桌子，兩把椅子，一個書架就是全部了。曾經連一點帶顏色的裝飾也沒有，在我經常闖進書房玩耍後，窗上牆上才多了窗花與剪紙，那是我剪的。書架上也多放了幾個木製的玩具，那自然也是我的東西。房門上還貼了一張五顏六色的塗鴉，不用說，也是我的傑作。

但是人一旦去世了，就什麼都沒有了。

爸爸最先整理過書房，將牆上貼的、桌上擺的，全部取了下來，整個房間就這樣失去了色彩，好像從未有人踏入過一般。爸爸大概也覺苦悶，將東西收到一起之後便很長時間不再打理。

人死之後，還剩下了什麼呢？當時的我經常地思考這個問題，但自然是想不明白。日子也沒什麼改變，大家都默契地不去談論，也就什麼都沒留下了。

在一個午後，只是突發奇想，我又闖入了書房。一切都與原來不同了，桌與椅還在原處，但所有物品都被放在了角落，那也是這個房間唯一有色彩的地方。

我蹲下來，看到了被撕下來的剪紙、窗花、木製的玩具，彷彿又看到了幾年前的我。至少他還留下了這些。我對自己說。

書房內的擺設被悄無聲息地恢復了原樣。就連花園中那常被折下枝條的矮樹也還在那裡。有時在書房中睡著，還會夢見爺爺，他在教我剪紙，陪我鍊字。

醒來才發現，啊，他已經不在了。

但書房還在，花園還在。書房裡的每一本書都在，花園裡的每一株花也在。

曾有人說過，人死後靈魂是在看著家人的。那麼爺爺的靈魂大概就在這一草一木、一枝一葉、一書一紙之中了吧！

通過這些東西，爺爺可以看到我們，我們也彷彿看到了他。

人死了，還留下了什麼？至少還有這些東西，至少還有這些情。

王天玥同學居然將兩次考場作文，寫成了姊妹篇。我猜想這一定不是什麼刻意安排，而是情之所至，罷了。

最近惦念這事兒，那麼，這事兒就可入文——無論面對怎樣的作文題目：

就連今年北京考卷的作文題也可以啊，你想，我教爺爺用手機，那可比教愛因斯坦還費勁兒呢！

「為爺爺流淚」，「一枝一葉總關爺孫情」。

前一篇〈為你流淚〉中，作者用第二人稱的視角，回憶了十幾年來爺爺在自己生活中的點滴印記。講述中，滿懷著歉疚和悔恨之情。正是這歉悔之情，才使得為爺爺留下的淚，飽含著複雜的情感，從而，真摯動人。

後一篇〈一枝一葉總關情〉中，作者通過「花園」、「書房」等物依舊在而人早已逝的感慨，表達自己對爺爺的無盡思念之情。文中寫爸爸和我對書房的「整理」，是一個十分真實的細節。

黃春

走慢一些

馮實

北京四中二〇一二屆，現就讀於上海交通大學。
酷愛攝影的我，喜歡用鏡頭去發現世界，講述生活。

長大後，我總是想走到很遠很遠的地方，我想很快地到那裡，所以走得很快。

我模糊地記得小時候的事。那時上街都是全家出動，我左手拽著爸爸，右手拽著媽媽，由於太矮，胳膊被拽得微酸。我是個很好奇的孩子，在街上總是拖著兩個大人跑來跑去，看東看西，時常耽誤了父母要辦的事。當我對著什麼事看得發呆，急性子的媽媽卻從不催促我，停下腳步，靜靜地等著我，他們為了我，走得很慢。

一天，我在社區草地上看到這樣一個情景：一個高大的男人彎著腰，他的孩子，很小很小的孩子，穿著嬰兒服，踩在他的腳上，學著走路。父親用他粗壯的手臂扶著孩子，一小步一小步地向前挪動。那孩子的手抓著父親的手腕，小腿一下一下地跟著父親的步伐往前邁。一秒一步，一秒一步，我想，我學走路時，父親也是這樣教我的吧，我的父母，為了讓我能夠跑起來，走得很慢很慢。

後來，我，這個曾經還腳步不穩的小孩長大了，一下子上了小學，一下子又上了中學。我是年輕人，走路自然很快，彷彿總在追著什麼走，從不放慢腳步，也不曾想過要放慢腳步。

那是一個大雪天，路上滿是泥濘的積雪，不能騎車，母親執意要走著送我上學，她說我走路太快，不小心，不安全。而我對此不屑一顧。

一路上，她都在追趕我的腳步，我背著書包，手插在兜裡，頭也不抬，一步一步地踩在深深的積雪裡，她說了大概五六次「走慢點，安全比上學重要」，還夾雜著「這路太滑了，我晚上來接你吧」之類的。我想，其實她跟我上學沒什麼意義，我這麼大的人，是完全用不著她陪的，她和我走，一定會走得很慢，耽誤不少時間。

在一個十字路口，燈已經變黃了，我瞧了一眼車輛，小跑幾步過去了，可回頭一看，才發現母親還在對面。我低頭撣掉褲子上的雪，再抬頭，看見媽媽坐在了地上。我腦袋裡嗡的一聲，車流過後徑直衝了過去。媽媽慢慢站了起來，沒受傷，褲子卻濕了一大塊。我看到她頭髮上星星點點的白色雪片，她笑著對我說讓我趕緊走別誤了上學，心裡頓時揪成了一團。我想罵自己，為什麼就不能走慢一點兒呢？難道自作聰明地疾走，有什麼好處？為什麼沒有關心到母親？

想起來，也許是我一直走得太快吧；也許父母在我長大後一直在追趕我的腳步吧；也許是我的心太快了，不能慢下來給他們一點耐心吧。

心太快了，感受不到他們對我的關心，感受不到，他們在一點點變老。

父母走不快了，那就走慢一點兒吧，因為他們曾為我走得很慢很慢。

你知道嗎，讀到這篇文章的時候，我正在陪著我的女兒學走路。你能想像，我這樣的讀者在讀本文的時候，是怎樣的心情呢？同樣的，如果你也記得你的父母也曾為你走得很慢很慢（一定是的），你的心情又是否和我一樣呢？

好文章，就要能夠喚醒讀者的生活記憶，撩撥讀者的情感神經。

「行走」，未必總要想起旅行，想起走天下；我們每天每時每刻不都在走嗎？陪我們走得最多的，當然是父母了。我們和父母住在同一個屋簷下，衣食住行，柴米油鹽，雞毛蒜皮，多少生活瑣事啊，對於寫作來說，真是「取之不盡，用之不竭」呀！

父母和子女之間的交往故事，就是這樣一對矛盾。當你長成一個中學生的時候，你便處在了這對矛盾的交叉點上。你長大了，他們衰老了；你開始強大了，他們開始脆弱了；你開始往外走了，他們開始希望挽留你了；你開始無所畏懼了，他們開始為你擔心了；你開始奔學業事業奔前程了，他們開始期望你健康快樂了……

這個時期，你真的應該好好寫一寫親情。

「父母走不快了，那就走慢一點吧，因為他們曾為我走得很慢很慢。」

黃春

那是月亮教會我的

戴濛

北京四中二〇一二屆，現就讀於北京大學。

好吃懶做，活蹦亂跳。好讀書，愛生活。夢於草原上目擊眾神死亡，

醒自黑夜裡黑色眼睛的星光。「是誰來自山川湖海，卻囿於晝夜，廚房與愛。」是我。

那年的中秋異常清冷。我的舅舅因白血病死於前一年農曆八月十四的晚上，只差一點，便是闔家團圓的日子。又是一年團圓節，父親提議我們一家三口去後海划船賞月。我著一件單衣坐在徐行的船頭，不一會兒就覺得渾身發涼。長時間靜寂，我們三個人約好了一般沉默著，誰也不說話。去年的今天我們是在殯儀館度過的，時隔一年，只要一想起舅舅那張溫暖的臉，我還是會感到錐心的痛。今年的月亮比去年還要圓，為何總是在人離別之後才見得到那一輪滿月呢？我抬起頭盯住那無比皎潔的月，她始終不曾給我一個像樣的答案。我們的船向著那水中的月影撞去，它瞬間碎裂成無數縷月光，我想再回過頭去看那重新拼合的零星月影，極目遠望卻怎麼也找不到了。我只好黯然歎一口氣，又踱回船艙。

母親倚在父親肩頭已經睡著了，父親則凝視著窗外蕩漾的水波。我輕輕走過去，在父親身旁坐下，努力不弄出一點聲響，但母親還是被木板嘎吱的響動吵醒了，她揉揉眼睛依舊倚在父親身上。我便也閉眼靠在父親的肩頭，雙手分別握住了他們的手掌。我只覺得父親似乎震動了一下，大抵是驚訝於他平時從不主動跟他親近的小女兒突然做出這麼親昵的動作。緊接著他更用力地回握了我的手，我也愈加握緊了母親。他們掌心的熱度源源不斷地傳遞到我的

手，瞬間驅走了我內心厚重的寒意，幾乎要催生出我的熱淚。我睜開眼再望向窗外，竟看到了一個完整無瑕的月影正在眼前的水波上波動，粼粼的波光晃著我的眼，我不自覺地又收回了目光。低下頭，突然發現原來我們三個交握的手也恰好圍成了一個完整的圓。

我就在這一刻幡然醒悟，原來真正的團圓不是要和親人永遠地相聚在一起，只要我們心中還有對他的愛，只要我們還擁有彼此的愛，我們就是團圓的。沒有人會從我們的生命中離開。天上的月明亮得好似舅舅的眼，我在心裡輕輕地問他：你從未離開，對不對？星光笑著衝我眨眼。

那完好的月影再次被船衝破，隨即重新拼合完整。我在心裡對它道謝，謝謝它告訴我什麼是真正的團圓。人有悲歡離合，月有陰晴圓缺。但那輪明月已經教會我如何看待生命中的離別。我知道，即使是遠在天邊的舅舅，也能與我們千里共嬋娟。

《那是月亮教會我的》，你很難想像，這是戴濛同學在一次以「老師」為話題的作文考試中寫下的文章。

面對一些超級優秀的作文，我常常驚訝於作者的奇思妙想。「月亮」也可以是老師？這位「月師」，能教人什麼呢？教我做人要廉潔？教我做人要低調？教我懂得人有悲歡離合？嗯，好像都可以（事實上，同時真有學生寫「月師」，就是這樣寫的）。但都缺乏創意，不能很好地撓到人心裡去。

其實戴濛同學的立意也很常態：月亮，教會我明白了千里共嬋娟。但是，你讀起來，就是覺得情意綿綿，覺得溫暖無比，都是因為第二段，寫得實在是太好了。

好在哪兒呢？細膩的溫情，溫情的細膩。

寫文章這種事情，有些東西是可以想像的，甚至是可以「編造」（術語叫虛構）的，不一定非親身經歷不可。但是，有些東西，是必須親歷才行的，至少你必須親歷，才能寫好。戴濛同學如果沒有和父母偎依在一起過，她肯定寫不出這麼細膩的細節來。「我只覺得父親似乎震動了一下，大抵是驚訝於他平時從不主動跟他親近的小女兒突然做出這麼親昵的動作。緊接著他更用力地回握了我的手，我也愈加握緊了母親。」舅舅病逝之後的中秋節，怎樣度過？全家人無言的偎依和握手，給出了極其溫情的回答。

黃春

不做噩夢

郝可欣

北京四中二〇一二屆，現就讀於對外經濟貿易大學。
寫作是一件很好玩兒的事兒，也是一種莫大的自由。
寫作要求人的感受力和表達力，我覺得我打小這兩種能力就挺強的，
文字和繪畫成了我人生的兩種最好的表達方式，能這麼寫下去畫下去太幸福了，
太自由了，太好了。

那天我媽非要跟我一起睡。我有一兩次碰到媽媽的這種請求都拒絕了，長大了的我們好像竭盡全力地給自己創造私密空間。這次我很困就呢喃地說了聲「嗯」，我媽就抱著被子立馬跑到我床上來了。

我們聊了一會兒天，我就迷迷糊糊地睡著了。睡夢中我被臉上的一陣癢給弄醒，醒來發現原來是媽媽一下一下的鼻息。這溫柔濕熱的氣息，讓我回想起小時候的事。

小時候總是跟媽媽睡在一張床上。我總是怕做噩夢（小時候經常做一些噩夢，困擾著我），便每次臨睡前把背對著我的媽媽轉過身來，身子蜷成一團，縮在媽媽懷裡，然後對媽媽說：「我要是做噩夢怎麼辦？」媽媽就會湊近我的額頭，說：「給你吹一口仙氣兒，就不做噩夢啦！」然後在我眉間緩緩吹上一口氣。當我覺得那裡被弄得很癢想伸手去撓的時候，媽媽就會扒開我的手說：「一撓就失效啦！」我每次都咯咯樂幾聲，然後安心地睡過去。果真每次都不做噩夢！這成了我們的慣例，我們的睡前儀式，比我們互道晚安還重要。

我一遍一遍感受著媽媽的鼻息，努力地想找回兒時的感覺。那時我們睡在另一張床上，在光華路附近的一套房子裡。那個房間要

比現在小得多，薄透的窗簾能讓好大一片月光星光傾瀉下來，被子上有媽媽的香水味……

也許這世界上最美妙的不是女人的香水味，而是女人熟睡時呼吸的氣流，平緩，穩當，溫柔，纏綿。那溫度是她體內的溫度，我一直弄不清楚為什麼媽媽的「仙氣」能讓我不做噩夢，但我明白它一定不是巧合。我隱約覺得她的氣息與我有一種關聯，就像十六年前我們之間的那根臍帶一樣。這種關聯向我的腦內輸入一層溫軟的保護膜，將每一根能激發噩夢的神經傳導的電流中途阻斷。這種想法讓幾年前的我覺得黑夜中的媽媽是一個女神，她頭髮和身體曲線的影子都是那樣神秘而美麗。

可是，媽，我現在也會做噩夢啊，我現在不會經常夢到鬼了，但我會夢到永遠也到不了考場樓層的電梯。媽，再給我吹一次仙氣好嗎？我想把這話說給媽媽聽，搖醒她，讓我們再走一遍那個久違的儀式。可是媽媽已經睡熟，我不忍再叫醒她，讓她不知所措地問我什麼叫吹仙氣。

媽媽的眼皮鬆弛而安詳，它輕微地顫動了幾下，我猜她也能感受到我的呼吸，只不過我保不准她會記得十一年前的事。我們的氣息相互交纏著融為一體，此時我發現我已經很久沒有離她這麼近了。

你多久沒和爸爸媽媽睡一張床了？你還記得你是從什麼時候開始的嗎？是被趕走的，還是自己哭著鬧著要求獨立的？這麼一個似乎有點兒無釐頭的問題，在郝可欣同學的心裡，卻正經得很，因為她要藉此來寫話題為「夢」的作文。

她可以這樣寫：我夢到了又和媽媽睡在一起，醒來後才發覺是一場夢，看來只能是夢了，因為，我長大了，我應該脫離媽媽的懷抱了。我常常做著這樣的夢，和媽媽睡在一起。這也不失為一篇佳作的雛形。

但是，不甚真實。因為多數人都不做這樣的夢，多數人長大後都不願再和媽媽睡一起。正像郝可欣同學自己說的一樣：長大了的我們竭盡全力地要給自己創造一個私密的空間。

然而，就是一個偶然的機會——被媽媽要求睡一起——郝可欣同學才有機會體驗這複雜而絕妙的感受。那麼，話題「夢」在哪兒呢？

「（小時候）身子蜷成一團，縮在媽媽懷裡，然後對媽媽說：『我要是做噩夢怎麼辦？』媽媽就會湊近我的額頭，說：『給你吹一口仙氣兒，就不做噩夢啦！』」「媽，我現在也會做噩夢啊，我現在不會經常夢到鬼了，但我會夢到永遠也到不了考場樓層的電梯。媽，再給我吹一次仙氣好嗎？」多巧妙啊！巧在事實就是這樣的。

黃春

有一種尊嚴可以一文不值

穆珂

北京四中二〇一二屆，現就讀於意大利米蘭理工大學。

高一的時候，老師說，看一些書吧，去發現那個你希望遇見的人；第二年的時候，老師說，看看你的身邊，為那個平凡的人寫個傳記吧；高三的「一模」動員會上，一切緊張的氣氛過後，老師突然說，「一模」那時候，四中的玉蘭花也開了吧。成長，體悟，關懷，很多時候只是一個駐足的時間，這是我的學校和我的十二班教給我的。

小時候有關「尊嚴」的印象最深的例子，就是韓信的「胯下之辱」了。當時，無論是誰給我講這個故事，都會不住地強調這是何等的奇恥大辱，何等地失去了尊嚴，韓信又是如何知恥而後勇。「尊嚴」一詞，從小便被罩上了一層莊重而神聖的光環。聽故事時聽到誰備受折磨依舊不屈為了維護自己或國家的尊嚴，表現出或文明有禮或剛強不屈時，心中滿是崇敬。

直到後來看到了某個電視劇，小小的孫兒拍著祖母說要騎大馬，祖母喘著氣趴著。小男孩十分靈敏地躥上去，坐在老人的脖子上，小手不停地拍打老人花白的頭，大喊「駕，駕，快點，快」。老人的行動蹣跚笨拙，又顫顫巍巍地在地上爬著，嘴裡卻笑著說：「好，好。」

看到那時，我突然覺得內心有什麼東西被堵住了，說不出哪裡不對，只覺得長久以來一直高高架起的某個東西頓時破裂。我小聲感慨：「天哪！這麼傷尊嚴的事情。」一旁的爸爸卻開口了：「這哪有什麼尊嚴？長者在骨肉面前都是沒有尊嚴的，就算她是皇太后也照樣會這麼做。再說了，你小時候沒騎過大馬？」我一下子說不出話來。

後來在一次課上，我們的老師提起了他年幼的女兒：「下班一回家，一看見她就什麼煩心事都沒了。她會什麼？就會說幾個詞兒，還老叫『媽媽爸爸』，就是要騎大馬。但你還是願意很賤骨頭地趴下讓她騎。她一拍你，你還趕緊爬快幾步，她一樂，你也跟著傻樂。你想想這麼做有什麼尊嚴可言？沒尊嚴。但想那麼多幹麼？讓她開心不就行了嗎？」他在說這番話的時候一直上揚著嘴角，平和而滿足地笑。我們在下面也大笑著說他是「酸酸的蠢爸爸」，他卻笑呵呵地悉數接受。他覺得很快樂，很滿足，很幸福……

漸漸的，見得多了，你會發現，有幾個人，明明在外有頭有臉，和人談笑風生，在家卻願意陪你看電影，陪你笑，陪你玩。你有東西掉到桌子下面或某親個旮旯裡，他願意彎下腰趴在地上拿著手電筒在漆黑又滿是灰塵的小角落裡幫你尋找。明明告誡過你做人要講尊嚴，賠笑端飯服務周到的卑微的事不做，卻還是願意天天為你端茶倒水削水果，即使你說過不用那樣，很多事換成兩個陌生人那一定是再踐踏尊嚴不過的了，可就是因為對象不同，被騎了脖子還那麼快樂，被小手抓了臉捶了肩還是要大笑。有一種尊嚴，在某個環境，對某個人而言，可以一文不值。沒有什麼「踐踏」、「愧疚」可言，也不需要那些。有些東西不需要上綱上線，也無須分得那麼清楚，沒有理由，需要的只是給予與接受，歡樂與幸福。

而我亦相信，當我們也稍微低一些自己的身價，好好看看我們身邊的人，用心去感受，一定可以找到一群人——那些愛你，而你則願意蹲下為他們整理褲腿，回來時給他們拿鞋，同樣願意為他們端茶倒水。因為對方是他們，所以，有些尊嚴因他們而放下，也沒什麼不好。

「尊嚴」，一文不值。

這種事情，只可能發生在親情裡。所以，一位在外有頭有臉的父親——不管你的師道尊嚴，不管你的天子威儀——回到家裡，會毫不猶豫（應該說是賤兮兮）地跪了，趴下，爬著，為的是討孩子高興。

如果將「尊嚴」理解為俗話所說的「臉面」的話，那麼就可以這樣說，最原始的血緣關係，造就出了這個世界上「最不要臉」的一群人：「父母」。他們可以在孩子面前跪下，他們可以在孩子面前苦苦哀求；他們同樣可以為了孩子而在別人面前跪下，他們可以為了孩子而在別人面前苦苦哀求。並且，最讓人悲哀的是，父母將臉面丟盡的時候，還往往要接受來自孩子的不屑和鄙夷。

父母，依舊願意將臉面丟盡。於此，他們才是父母。

因為，愛，沒有理由，是不能選擇的愛。

穆珂同學想到了這一點，不僅理解了父親的「尊嚴掃地」，更意識到了自己也應該為「我愛的人」，端茶倒水。

因為，他們是父母。

黃春

比我更寶貴的

葉雨菲

北京四中二〇一三屆，現考取清華大學。

浙江義烏人也，無字無號。三年間，與熊之錚導顧先生論壇之開閉幕式，與王君翰雄導劇《油漆未乾》，又與張君儀萱等五人導成人儀式。以其工作雷厲霸氣之風，人謂之曰葉總。葉總笑談己實以蠻橫霸道而得其名。樂運動，喜音樂。揮汗於操場，已而疾走五六圈而渾然不覺。既小提琴過中央院九級，十餘年，鋸木聲漸變人籟，然距天籟者路漫漫兮修遠。後入清華園，攻電腦。安於路人之詫異不解，泰然前行。

上周日晚，沉默的汽車行駛在通往學校的路上。我抱著書包無言地坐著，任憑一道道燈影劃過擋風玻璃，映在臉上，飛快地向後奔去。還有什麼能比這個周末更糟糕的呢？姥姥姥爺爸爸媽媽舅舅坐在沙發上，熱火朝天地討論正在播出的「中國好聲音」。雖然我緊閉房門，但每支曲子卻總能那麼準確無誤地射穿房門，攪得我寫不下去作業。哎，各種學霸甚至一個月都不回家，用功學習，而我在幹什麼？如果不用顧忌爸媽的熱切思念，該少了多少遷就，會有多麼輕鬆，多麼自在！

小孩子就是因此而無憂無慮的：他們不用考慮周圍人的喜怒哀樂，自己的世界真的好大。人們赤條條地來到這個世界上，所以無憂無慮；人之將死，人世間的掛念卻那麼多，所以悲痛欲絕。人與人之間的種種羈絆，讓我們失去了快樂，失去了對自己的完全所有。可沒有了羈絆，生命的沉重又何以承擔？

林海音的童年是令人羨慕的。她可以對著騾子站個晌午，觀察它們可笑的咀嚼，充耳不聞老媽子在胡同口的呼喊；她可以不顧家人的反對，跟「瘋子」玩一整天，甚至幫瘋子出逃；她可以無視世人言語，堅定地相信那個蹲在草叢中的叔叔是好人。而她的童年在想念瘋子的下場中結束；在擔心老媽子的孩子中結束；在望著草叢中小偷叔叔的落寞背影中結束；在呆望著爸爸的花兒落了中結束……作為一個孩子，她可以對著前來報信的鄰居痛哭，可那一瞬，她感到了弟弟妹妹對她的依靠，對她的羈絆，整個家庭對她的羈絆。她沒有崩潰，沒有慌亂，這羈絆拽著她不讓她墜入自己喪父之痛的深淵。那一刻，她知道「我已不再是小孩子了」，認識到別人對自己羈絆的人，發現自己天大的世界裡不再僅有自己時，我們也不再是小孩子了。

史鐵生在地壇裡從他眼前跑過的小女孩對他何嘗不是一種羈絆？牽著他留在這個世界；司馬遷繼承的父志也何嘗不是一種羈絆？引著這個背發虛汗的老人在微弱的燭光下踽踽獨行。多少「文革」中拒絕劃清界限的夫妻，這羈絆把他們玩弄在搖搖欲墜的命運天平上，可一旦切斷，天平的兩端都將飄飄地墜落，墜落下去，誰來支撐他們不自沉於寒江。

人不能只為自己活著，自己的生命不只屬於自己。人無時無刻不活在別人的聯繫中、羈絆中。沒了羈絆的生命如同一個音符，無論奏得多麼強烈，多麼高亢，也終歸是短促的迴響。是的，沒了其它音符牽絆的音，你可以隨意強弱，隨意高低，但那終究不是音樂，沒有旋律的音符消失了，世界是不會注意的。

昨晚，收到媽媽的一條短信：「突然想到你明天要回家了，好開心。」對著短信，想到每周日晚，執意在我拉著箱子拐進辦公樓連廊後才開走的那輛紅色高爾夫，以及黑夜寒風中那一直跟在我身後的不動的目光。媽媽受著我的羈絆，我也受著。

我今天仍要回家。

你有過和本文作者那樣的被要求去姥姥家的經歷嗎？你極不情願，但不得不去；你極不耐煩，但只能怨不能說。你覺得很無聊，你覺得很糾結，你特別想問一句：「為什麼一定要去？」沒有為什麼，就是必須去。當「常回家看看」已經被寫進法律條文了的今天，親情，已經顯得很是脆弱不堪了。

「媽媽受著我的羈絆」，於是媽媽就沒有了自由，這叫母愛，這叫「三春暉」。「我也受著（媽媽的羈絆）」，於是我也少了許多自由，這叫孝順，這叫「寸草心」。「誰言寸草心，報得三春暉？」那姥姥呢？姥爺呢？爺爺奶奶呢？

作文題目是「比……更寶貴的」。世上最寶貴的東西，當然是「比我更寶貴的」東西了。所以，當你須將某種東西視為「比我更寶貴」時，你也許只能選擇「親情」了吧！

「我今天仍要回家。」

黃春

我想留住那棵楊樹

康司辰

北京四中二〇一二屆，現就讀於北京大學

琴棋書畫，皆我所愛，足籃乒羽，亦可淺嘗。人道是，天道酬勤，竊以為，天資無二，唯勤生異，勤者自能，墮者自衰。為文者，言由心生，心正則文直，思深則文佳。或曰：萬物皆可為師。需虛懷若谷，聽風賞月，以格物致知，鑒人知事，以通達情理。而後為文，必為佳作。

從我記事兒起，奶奶家的樓前有一棵巨大的楊樹，春生夏長，濃密的枝葉蔭庇著屋裡。那樹蔭下，曾與奶奶乘涼、歡樂嬉戲，不知不覺中，那樹又繁茂了幾許，我的童年也一去不返了。我也不和奶奶住了，也和楊樹別了。

突然某一天，我了解到了生命是會結束的，人生一世，草生一秋。或許正是死亡的訊息，使我開始思索生命的意義，應該度過什麼樣的人生。可似乎沒有一種答案，可以在死神面前站住腳，讓人聊以自慰，「死生亦大矣」。在滅亡的一瞬，又有什麼還有意義呢？

那棵楊樹，死了。某次回奶奶家時，那樹已被砍斷，樹根如此粗壯，側歪著伸著根須，或許它還不甘心就這樣結束吧！我站在奶奶身旁，一同面對著這楊樹，兩人的心裡都是酸楚，觸目傷懷，回憶湧上心頭，只剩無語。

奶奶老了，拄上拐棍了。各種病痛纏身，可能正如那楊樹的最後幾年，而我卻不知，只在那樹下乘涼，看樹上喜鵲銜枝築巢，樹下螞蟻鑽窩。可如今，喜鵲飛走了，一片淒涼。

我是真想留住那棵楊樹啊！

我是麻木的。只有在那折斷的樹枝面前才想起它身上牽繫著我如此多的記憶，它對我，是如此珍貴！當我專注於自己的人生時，憧憬理想，奮力拼搏，希冀於找到某種永恆的意義卻無結果時，那伴我走過童年的楊樹，死了！我何曾關注過這楊樹？它卻悄然離去。

奶奶的膝蓋勞損，背負著時代責任感的我只是打過電話，噓寒問暖；奶奶每天自己注射胰島素，追求無愧於天地、內心平靜的我只是幫奶奶看看說明書。而這一切的不近人情，我可以毫無顧忌地推在「學業忙」這三個字上。

而楊樹，死了！為它哀悼嗎？高聲歌頌它嗎？莫等斯人已逝，再無語地面對它，心中空悲切了吧！曾讀過史鐵生對人生的追問，最終發現了身後的母親。曾以為季羨林的散文沒有史鐵生的深刻，只記一些生活中的常事。可生命本應如此，那份對生命、生活的熱愛，是九〇年的歲月留給季老的最大財富。

或許，正如佛洛德所言：生命在客觀上本無意義，當一個人追尋它的終極意義時，他已經病了。是呀，那楊樹的死，治療了我的病。讓我知道只有珍惜那花開花落，珍惜身邊的每件事，每個人，才是生命本身。

這個周末，就是再緊張，我也要去看看奶奶去，幸好上天，還把這個機會留給了我。

楊樹。奶奶。

生。死。

剛開始讀這篇文章的時候，還以為作者要借楊樹寫親情：那是奶奶種的樹，小時候的我常在樹下聽奶奶講故事，如今奶奶走了，我睹物思人，想念我的奶奶，啊！我多想留住奶奶，留住以往的美好時光。

讀到第二段，我就知道我錯了。康司辰同學絕非要寫一篇那樣俗套的文章，他借楊樹，不僅要寫親情，還要寫哲思；不僅要寫哲思，更是要寫親情。你看我這話，是不是有點兒不合邏輯？不是我說錯了，而是在這樣一個迴圈之後，帶著哲思的親情，已經遠遠超越了僅止於情感層面的親情。

「這個周末，就是再緊張，我也要去看看奶奶。」這是一個孩子經過一番有關生與死的哲思之後的想法，它已然不是源於一般的親情衝動，或是心裡愧疚。

就寫作而言，康司辰同學能夠將「楊樹」和「奶奶」聯繫得這麼好，實在是不容易的。當然，這也並非什麼技巧問題，我以為，依舊是真情之所至。

黃春

我看父親

王可

北京四中二〇一二屆，現就讀於武漢大學。

從小有看書的愛好，從楊紅櫻鄭淵潔的兒童文學，到郭敬明派的青春明媚憂傷，再到劉瑜柴靜等社會情懷，伴隨著一次次思想上的告別與啟程。原先心中對虛無主義的隱隱不安，後遇上薩特的存在主義而深深釋懷——你的臉即你的面具，不必憂心自我發現，更多的本質源於自我創造，即便一時的「矯揉造作」，亦是屬於那段「時空」的自然。

很多人稱讚父親的偉大。

他們說父親站起來，是最高的山；父親彎下身，是最堅實的橋；父親躺下去，是最直的路。

而我看到的父親，卻總是坐著。

他在下班回家後，總坐在陽臺上，點一支煙。他的頭有時抬著，看窗外風景；有時低著，看報紙或手機。抽完的煙蒂，總被他插在花盆的土裡。那花盆裡除了花，還種滿了煙蒂。

他愛坐在飯桌旁喝酒，那時他的臉總是被光照得油亮亮的。他醉後愛說胡話，尤其和親友聚會時，他喝得那麼多，吐得滿地狼藉，還說著些愚不可及的瘋話，我和母親聽了哭笑不得。

更多的時候他坐在車裡，開車。我常坐在他的斜後座——他說那裡安全。

而我所見到的父親，兩隻手，一個肩，和一個側臉。母親坐在我前面，每天，父親就是這樣開車送我們上班上學。母親總愛催促，說「快點兒」、「來不及了」，這時父親會笑眯眯地說：「不急，不急。」這樣的父親，我感不到那種父愛如山，感不到他人眼裡那種父親應有的偉大。

然而，父親在開車時從不喝酒。他在抽煙時，一定打開窗子避開我。有時他在圖書大廈找不到車位，我獨自購書，他等了幾個小時卻無法上廁所。有時他上夜班，第二天早上為了送我上學，早上五點就起床回家，卻到家沒休息幾分鐘，又坐回車裡出發……

父親依舊這樣平凡。他站起來不是最高的山，彎下身不是最堅定的橋，躺下去不是最直的路。

我看到的父親，總是坐著——露出兩隻手，一個肩，和一個側臉。而車窗外的北京，有時颳風下雨，有時雪白一片。夕陽的光鍍得他的臉油光發亮。時光的脈絡疊加起來，見得他的脊背有些彎了。而他的頭髮，也墨裡藏針。

人人都寫過「我的爸爸」、「我的媽媽」，可你寫過「我的抽煙喝酒的爸爸」「我的臭美臭脾氣的媽媽」嗎？

世上多數的爸媽，都是抽煙喝酒臭美臭脾氣的。但是，我們一般都不寫。

在我們的筆下，大凡「父親」，一定是嚴厲的，是高大的，是能幹的，甚至是英雄；大凡「母親」，一定是慈愛的，是美麗的，是勤快的，甚至是菩薩。總之，一定不能是「抽煙喝酒臭美臭脾氣」的。

可是，王可同學的父親，就是一個抽煙喝酒的男人，就是一個沒有什麼大本事的男人——連違章停車都不敢。

可是，王可同學就照實地寫了他的這位父親。不僅不讓人反感，反而很讓人尊敬。因為父親抽煙，但一定是在陽臺；父親喝酒，但一定不會在喝酒後開車。

我敢斷定，現代都市裡的學生們，你們能見到父親的最經常的時候，就是父親開車接送你上下學的時候；你能和父親相處的最長的時間，就是你坐在父親的車裡的時候。那麼，你所見到的父親，也應該會和王可同學一樣：「兩隻手，一個肩，和一個側臉。」感謝王可同學寫得這麼真實，讓每一個讀者，都想起了自己的父親。

黃春

CHAPTER 06

愛情篇

此情可待做文章

黃春

中學生，可以寫愛情嗎？

中學生，能寫好愛情嗎？

每每談到愛情題材，我都會遭遇以上兩個質疑。

大致一想就知道，質疑者顯然是將中學生之愛情，定性為了「非分之愛」與「懵懂之愛」，而後方有此問；依我個人之經驗，更有甚者還將其與「資本主義之糟粕」、「健康身心之毒瘤」等上綱上線的罪狀聯繫起來。更加不幸的是，這些理解和觀念，也深入到了中學生自己的內心，漸漸的，愛情，成了中學生自己也由衷認可並堅決遠離的「寫作禁區」。

實際上，我也是同意「非分之說」和「懵懂之說」的。倘若有那麼一個時代，中學生都「不愛」，那該多好啊，也讓我這個當著班主任的老師省卻好多煩心且棘手的工作。然而，「非分」不等於「沒分」，「懵懂」不等於「不懂」。中學之愛，鑿鑿乎存在。中學生自己所謂的「禁區」，那只是「寫作禁區」；並且，以我所見，也只是「考場寫作禁區」。君不見中學生之日誌博客，愛之語，情之文，汩汩滔滔。

怎麼辦？

本書不探討中學生談戀愛的話題，我們只說「寫愛情」。

記得我有一回在回答學生關於如何寫好作文的提問時隨口說道：「你若是能夠像寫情書一樣地用心去寫每一篇作文，我保證你篇篇都是上乘之佳作。」這話放在今天的話題裡，就更是正確無比了，因為你是真的在寫情書啊，那還能寫不好？——你捨得寫不好嗎？

記憶中最早讓我萬分堅定我的這種想法的，是多年前我的一位叫張忱的女學生以「失去」為話題寫的一篇作文——考場作文：

天黑了，寂寞又降臨了。我推著車，卻看見前方的某人。我跑過去，那愉悅的腳步聲讓他回過頭。那個靦腆的男生在笑，暗暗的路燈下我也能看到。

「我撿到了你的英語卷子！」我飛快地支好車，卸下書包翻出那張卷子。他蹲下身，仔細端詳起來。「似乎還果真是我的呢……錯了這麼多……」他搖動起我的車蹬，前燈恍恍惚惚地亮了。我默不作聲接過，腳蹬向後旋轉，吱呀吱呀地響著，前燈亮起昏黃的光。他下意識地鬆開了手。

「哦……原來 break 的過去式是 broke 啊……」夏夜的風穿過耳朵，吹醒他泛光的臉頰上的困意。「啊！抱歉抱歉，不用搖了。」他笑著站起身來遞給我試卷，「用它擦擦手吧，我不看了，反正也懶得背。」我沒擦，背著他放回我書包裡了。

這天，我突然從床下翻出這張布滿紅叉的卷子，我疑心那是自己初中的外語成績。猛然被這記憶敲醒，才知斯人已逝，那感情也失真了。

握著這張紙的雙手忽然顫抖了一下，我感到前所未有的溫度。我慌忙閉上雙眼去捕捉那餘溫，像忽然長了好幾歲。

到今天也不曉得這突然的頓悟，來源於何處。那只是個安靜寡言的小男生罷了。人們總是自發的抱怨著失去，同時還自覺的提煉著生活。想到這裡，我忽然不經意地笑了。

「背著他放回我書包裡了」，暗暗地藏起一件東西，因為它和你心儀的對象有關，帶著他的味道，帶著他的溫度。你做過這樣的事情嗎？之後又怎樣了？

當物依舊在而人早已非，你又有怎樣的感慨？你再讀她文章的結尾：「我把這封奇特的英語試卷又同一大堆舊雜誌裹在一起，推回床下。不要抱守，我樂於更多的發現。」多好的一種關於「失去」的人生體驗啊，有真實的故事，有真實的感情，有真實的思考，有真實的表達。因為有這樣美妙的一段文字，我記得我給了她滿分。

當然，也請你注意，我所謂「愛情」，和你所熟悉的所謂「戀愛」，不一定是一回事兒。我的同事劉葵老師和楊志剛老師，都曾在他們所教的班裡開展過一項活動：暢談一下自己心目中的男（女）朋友。你可以想像一下，這場「心靈與情感的運動」，曾經怎樣震顫著青春少年的青蔥心田。摘錄幾段發言：

「其實爸爸媽媽的看人眼光都很準（作為心理諮詢師），這一點在他們長達二十年的美滿婚姻中也可以得到證實。所以我想，除非是我被戀愛沖昏了頭，否則一定會聽他們的吧。相比之下身為當事人，標準自然就繁瑣多了。首先，我的男朋友必須身心健康，吃喝嫖賭抽，坑蒙拐騙偷，這些人一律 PASS 掉。而且，那個人長相不會太難看，最起碼不會讓人望而生畏。然後，那個人必須比我年長，大一歲到五歲我應該都能接受，要比我高（據說十二釐米是最佳距離），工作要比我好，有才能，有房有車？這個無所謂啦。還有呢，那個人一定心理很健康，生活作息有規律，有潔癖什麼的就不行，不能太小氣，要寬容，大方，勇敢，理智，善良，幽默。因為我口才很爛，所以那個人大概會很能說吧。當然，最重要的，他會很愛我。仔細一想，我還真是個理智現實的人。」

我希望她性格偏外向，因為我比較喜歡傾聽喜歡寫。開朗樂觀，自主獨立，生活有條理。熱愛運動，喜歡鍛鍊，愛惜身體，不近視最好，因為我近視。喜歡看書，喜歡兩個人談心。有責任心有愛心（愛不愛小動物再說，先把人愛了才是有愛心，比如孝敬父母）。如果是披肩卷髮還有會說話的眼睛以及高挑點兒那就更好了。基本就這樣吧。生活就是生活，符合朦朧的輪廓你才能逐漸品味到她香醇的味道。

「我和他從有記憶起便熟識。由於一直玩得好，相互非常了解，之間便沒有不坦誠之處。小學的時候，他天天晚上和我出去跳繩爬樹捉迷藏。小升初的時候，我們一起上奧數，我從二班努力到一班，他從超常班努力（……）到一班。初中的時候，他可以擋在我和我不喜歡的男生之間，我在他出去打籃球的時候作證我倆一起寫作業來著。中考的時候，他監督我不看言情，我監督他不打遊戲。高中的時候，我和他為國家大事人生哲理爭執得聲情並茂，而一旦到了飯點便立時擱置爭議happy 掐飯。高考的時候，他輔導我數學，我輔導他英語。大學的時候，名正言順的情侶。工作的時候，名正言順的夫妻。老了的時候，一起讀書，一起聽音樂，一起遊過世界地圖上標星的地方。相差不遠地死去之後，骨灰合葬在一棵柳樹下，因為很多很多年以前，初識的時候，我編過柳枝環送給他戴在頭上。」

「首先，他會對我好，而且是一心一意對我好（意思你懂得）；像什麼善良、真誠就不用說了吧。我不要求他在物質上帶給我什麼過多的奢侈（當然，他至少能養活自己吧），我只想他能經常和我在一起，而不要總是以忙為藉口把我撂在一邊自己一個人闖天下；我不要求他會說很多甜言蜜語來蠱惑我，我只想要他在我煩悶的時候耐心地和我聊聊天，經常陪我一起散散步，節假日出去旅遊一陣，一起做做飯之類的，就是不要表面上說得很甜，實際上全都是花言巧語；然後，我希望他有一個好脾氣，或者說有男子漢氣度，會照顧女孩子，心疼女孩子，接受我的撒嬌，寬容我的壞脾氣，理解我和眾人不一樣的地方，尊重和支持我的興趣愛好（因為我很難找到一個和我有同樣愛好的人，而且我覺得有沒有共同愛好並不重要）。」

……

有沒有哪句話或是哪個想法，和你心有靈犀呢？

也許同樣是耳鬢廝磨，同樣是牽手相伴，同樣是聚聚散散，但是，心懷澄澈的人，一切也都會因此而純淨起來；於是，戀也好，不戀，也好。

比如還是以「失去」為話題的作文，我的另一位男學生李銳寫下〈擁有過去〉：

已是玉蘭墜地的時節了，透著絲絲柔軟的暖風，一縷縷怦然抽出的嫩綠在我眼前搖曳著，搖著搖著，令我又漸凝眸，回想起隆冬時節缺少色彩與活力的枯枝，我輕問：年年如是，你不曾有一絲失落嗎？

「物是人非事事休，欲語淚先流。」我曾一度沉吟的哀曲，又隨著樹枝的顫動，飄進我心裡。一度，我是這麼茫然，似是忘記了時間賦予我的一切，只記得與她並肩穿行在寒冷寂寥的街道；只記得兩人坐在一起為一個小得可憐的問題而爭得面紅耳赤，最後總會相視片刻後捧腹大笑；只記得常撫順她毛茸茸的「松鼠尾巴」，看她甜甜的淺笑……

只記得，當時身旁是有個小巧的她，活在我不曾丟掉的記憶中。

如今，我只有冷笑。一度，我呆呆面對空空的教室，看著夕陽的紅光灑向黑板，射回更幽然的血紅，我總會歎息孑然一身的憂怨。當太陽的餘光斜斜將我漆黑的射影打在地面，是個大大的「一」字，我總也無法抑制自己，任憑眼淚湧出。一度，我望著自己的手，回味著曾握著的甜蜜，是如此虛幻又真切，令我腦海空白。

一度，我曾以為定會是永遠也撫不平的傷痛，是永遠也無法挽回的遺憾。

「料得年年斷腸處，明月夜，短松崗。」蘇子有松崗，我還有什麼？……

我以前不相信時間的神奇，但慢慢，我不可思議地平靜了。心中仍然有許多畫面，但當我猛然間意識到不該再沉淪時，我看到了更多……

花開了，花謝了。凋零，卻並不是失去，只是沉澱，沉澱下色彩與能量，面對殘忍的嚴寒，總有一天，春風會吹開更絢麗的繽紛；湖開了，湖凍了。冰封，並不是固結，只是體味，體味下更堅強的波動，以待釋解。它們其實不曾有所失，只是在看似失去。傷感的時候，擁有了回憶，擁有了輪迴的信念。

我沒有輪迴的機會與可能，唯能趁早懷著一顆品味的、擁有的心去面對錯過。

失去，其實就是擁有。

失去了她，我擁有了經歷，擁有了一雙重新撐起充滿迷惘身軀的更有力的手，擁有了一顆更堅強的心，擁有了一個更加完整的人生。

嫩綠又搖晃著點頭，我很感激，是無比冷靜。我面對沉默的樹，心滿意足，轉身離開。

最大的傷感，不是長戚戚，而是敢轉身。一個人能夠從失戀中悟得人生之啟示，該是多麼幸福，更何況是花雨季節的中學生呢！

愛情，不是某些人的專利，人人都可以寫，哪怕你還沒有此般經驗。

因為，你可以寫別人啊。

比如你眼中的父母之愛。

面對如何教育引導孩子的情感問題，曾有不少家長竟不恥下問地找我這樣一個初為人父的人請教。我只好硬著頭皮找話搪塞：「父母之愛，便是孩子之愛的模型。」我的意思是，不管出於哪種緣由，孩子都會對父母之愛產生好奇，暗自察看，並議論於心，而後影響自己的愛情觀，形成自己的愛情法則。父母若愛情幸福，孩子便會以此為範；反之，孩子便會引以為戒。

此處不探討父母，只說你——孩子，學生。

你仔細觀察過父母之愛嗎？那種相差了二三十年的愛之模樣，和你對愛的認識一樣嗎？差別在何處？什麼可以不同，而什麼必定不變？你讀一讀一位四中學生寫的這篇文章《寫在沙灘上的愛情》：

上初二的時候國慶日放長假，我和家裡人一起去秦皇島玩，那時已經過了游泳的季節，最多只能光著腳蹚一蹚水，整日地坐在沙灘上看不怎麼藍的海和不怎麼藍的天。

我們所在的地方南邊是海，所以看不到海上日出，也看不到日落。一個很涼爽的早上我們在海邊散步，陽光在我的前面投出一個很長的影子，在並不乾淨的土黃色沙灘上，那時正趕上退潮，我蹲下，在浸著煤渣的沙灘上尋找完好的貝殼，這和我想像中的大海是完全不同的，或是我幼年的對於北戴河模糊的藍色的記憶。但媽媽似乎並不在意，我奇怪她見過那麼多美麗的海邊居然可以忍受這裡被汙染的海水，她哼著歌，跟在爸爸後面，然後是我。

突然他們停下來，在一塊還算乾淨的沙灘上，媽媽用手寫出很大的字：「I LOVE 國良（我爸爸的名字）」，然後又重重描了一遍，再畫一個很大的桃心，我爸爸回頭看著媽媽完成她的傑作，要是以前我一定會大笑他那光潔無發的頭頂燈泡一樣在陽光下發光，但是這一次，我沒有出聲，我看到他在笑，近乎靦腆地笑著。

然後媽媽開始像小孩子一樣地踩著爸爸的腳印走路，爸爸總能算好了讓媽媽被隨即湧上來的浪花打濕了腳，媽媽蹦跳地跟著，叫著說：「你爸爸有些外八字！」我停下來，看見晨曦把一切照得明亮起來，突然想起媽媽曾經對我說：「我是愛你爸爸的。」我一直記得那些腳印，那些歪歪扭扭深深淺淺的腳印，看起來彷彿屬於一個人的腳印，像記得媽媽的話那樣牢固。

「我是愛你爸爸的。」

似乎我們上一代人，我一直以為，充滿著媒婆的年代，是絕無什麼愛情可言的，一禮拜一次的所謂約會，在一天當中最美的時候——傍晚來之前就結束了，而且雙方還要各自騎車回家吃晚飯。媽媽給我講她和爸爸的故事的時候也常常地笑，爸爸從來不知道「女士優先」，出了國還要四處提醒他走在媽媽的後面；從來不知道買花，也不會寫詩，除了送鋼筆還送過一雙的確還漂亮的冰鞋，媽媽唯一的鑽石戒指還是出國時省了多少個月的生活費自己給自己買的。爸爸會做飯，可以把早飯端到媽媽的床前讓她舒服地賴在床上，但不會說哪怕從書上背下來的一點溫柔體貼的話。

一段時間三毛的書很流行，媽媽也傚仿著半夜起來對爸爸說我愛你，期待著爸爸能像荷西一樣和妻子相擁而泣，但是爸爸只是停止了打呼嚕，翻了一個身，含糊地說：「我知道！」說罷又睡著了。那時候我常常在家說「我知道」，媽媽和我會心地笑著，這時爸爸會很丈二但又無奈地說：「知道，知道好啊。」

爸爸媽媽經常出差，我就像交接棒一樣被傳來傳去，幾乎沒有一整年的時間是和父母同時度過的，我不知道他們是怎麼度過這段無法避免的思念痛苦的日子。爸爸曾經對我說過，你媽媽最大的願望是出國讀書，她有了機會，我當然替她高興，但我知道他隱瞞了什麼，那些在他永遠堅持著的錯誤百出的一日一封的 E-mail 裡所無法隱藏的東西，牽掛。

「我就是想有個家，守著你和你的媽媽，看你長大。」

聽到爸爸說這句話的時候，我正歡快地蹦跳在雨後的路上，聽腳下劈哩啪啦的水聲，爸爸隨即很快轉到別的話題上去，不讓我再說什麼，但我突然想起那個沙灘上的字還有媽媽說的話：「我是愛你爸爸的。」

上代人的愛情、浪漫藏在更深的地方，不管你是否能感受到。

沙灘上的字，早就被每日漲落的海水撫平，但寫在心裡面的愛，歲月只是重重地再描一遍，再描一遍。

在很早很早以前爸爸已經送去了無數的花朵，雖然他今天只是把淡黃色的菊花插在了車上。

一個能夠對父母這般深沉而含蓄的愛情表示出如此豔羨的小女生，她自己對於愛情的理解和實踐，該會美好得多麼讓人放心和信任呀！誰說孩子的愛情是「懵懂」的呢？誰說那種隨著年齡和閱歷而成熟起來的大人們所謂的愛情觀不會變得庸俗不堪呢？

有一回判卷，卷頭都密封著，但一篇也是寫父母愛情的文章，我喜歡極了，抄了一小段，請你一起來讀讀：

我看見母親會每天早起，為父親把上班要穿的衣服折好放在依舊熟睡的父親枕邊；我看見父親每日臨行前會在母親臉上輕輕一吻，兩人眼中閃爍著心照不宣的快樂與幸福；我看見母親每天在父親回家前，都把父親喜歡的菜擺出來用盤子蓋好，讓父親能吃到熱的飯菜；我看見母親生病時，一向「遠庖廚」的父親會親手做一碗雞蛋羹，端到病床前，一口一口餵給母親。

我始終記得，每個周日的下午，當陽光透過窗櫺灑進屋間，溢滿了整個房間，父親便會面衝著夕陽給母親剪頭上冒出的「白髮」。夕陽的餘暉宛如一首無聲的歌，陽光在父親的指間跳躍。只見父親手拿小剪，小心翼翼地剪下一根根隱在青絲間的白髮，如同在呵護一件易碎的寶物一般，認真而專注。我在那一瞬間突然明白，這才是真正的愛，是從相遇，相識，相知，相愛，相守，是相濡以沫，是心平氣和，是執子之手，與子偕老。耳邊傳來他們互相打趣的話：

「怎麼只有我長白頭髮，你怎麼不長呀？趕明兒得讓你也長點兒！」「行，趕明兒我也長了，你也給我剪……」望著他們相偎在夕陽中的背影，那一刻，歲月靜好。

如果我沒有從書中走出來，書中的愛就是世界。然而睜開眼睛，看見真正的愛，如同「努力加餐飯」一般簡單，平淡無奇，卻含蓄雋永，意味深長……

要不是讀到結尾處「從書中走出來」，你都不會相信這是就著一個話題作文——「如果不出去走走，你會以為這裡就是全世界」——而作的考場作文。

這位我不知道名字的小作者，在「我從書本中讀到的愛情」和「我在書外看到的愛情」的對比中，闡釋著愛情的真諦。你看，一位中學生，將愛情理解到這麼個境界，真讓大人們汗顏哪。

還記得嗎？你曾讀過不計其數的關於愛情的詩篇呢。從〈關雎〉到〈靜女〉，從「輾轉反側」到「努力加餐飯」，從「在天願為比翼鳥」到「最是那一低頭的溫柔」；從蘇軾陸游李清照，到林覺民徐志摩舒婷；從「十年生死兩茫茫」到「人間四月天」到「我是你身旁的一株木棉」……愛情，文學書架上最醒目最普遍最溫情的題材，我們都太熟悉不過了。

我這裡講的是「愛情是寫作素材的來源之一」，既然是作為「素材」，那麼，「寫愛情」，其本身並不是目的（至少不是主要目的），而是手段，是途徑；寫作者是要通過寫愛情來表達自己的某些想法。在實質上，文章裡寫愛情（自己的或別人的），和舉例子（自己的或別人的，今人的或古人的）並沒有什麼區別。

因為愛情和萬事萬物一樣，飽含著諸多的人生命題。隨便舉幾個例子：相信，交流，扶持，誠實，選擇，尺度，包容，改變，堅守，幸福，距離，成熟，美麗，別離，思念，攜手，忘記，保守，自由，靈魂，尊嚴，境界，品位……

愛情可以在手上，在心裡；話語中有愛情，背影中有愛情……愛情有味道，有聲音，有色彩，有重量，有質地，有溫度……

於是，愛情裡似乎有一切東西。你都可以寫呀！

嗯。要愛，就好好愛。

愛情，卻不文學
——我是怎樣作文的

葉雨菲

北京四中二〇一三屆，現考取清華大學。

浙江義烏人也，無字無號。三年間，與熊之錚導顧先生論壇之開閉幕式，與王君翰雄導劇《油漆未乾》，又與張君儀萱等五人導成人儀式。以其工作雷厲霸氣之風，人謂之曰葉總。

葉總笑談己實以蠻橫霸道而得其名。樂運動，喜音樂。

揮汗於操場，已而疾走五六圈而渾然不覺。既小提琴過中央院九級，十餘年，

鋸木聲漸變人籟，然距天籟者路漫漫兮修遠。後入清華園，攻電腦。

安於路人之詫異不解，泰然前行。

前幾天被告知，所寫的文章居然選入了愛情文學主題。

不可思議！我偷笑。

本人從未對校園文學感冒，或受過愛情文學的正經薰陶，看過的愛情片屈指可數。那些愛情故事竟然多半是從家族裡聽來的。我的關於愛情的故事，基本都是周圍的人。想想，在家裡，談到愛情，從不是個嚴肅的話題，總伴隨著嬉皮笑臉。

一次，在媽媽同學家裡燒烤。聊到當年媽媽在工大教書時的事情。「我第一次吃筍乾梅乾菜可托了你的福啊。想當年小葉追你的時候，成天抱著一個電磁爐到你們實驗室去，偷摸著給你做飯。」「那時吃得可真是香啊，尤其背著人的時候。」爸爸在一旁打著哈哈：「哼，我當時做了多少好吃的才追到你呀。」於是他們愛情的起點開啟了我家逢客爸爸必下廚的傳統，讓客人享了口福，結果給親戚留下了媽媽做飯不咋地的印象。當著外人媽媽不說什麼，私下裡卻多次讚揚：你爸爸很有做飯天賦和創造力啊。切，在實驗室裡捧著鐵鍋追女朋友，能沒有創造力嗎？

後來突然意識到，為什麼媽媽的同學會出現在實驗室裡呢？反

覆追問下才透露，當年他們倆是這位同學介紹的。一直以來，兩家關係極為親密。今年，這家小朋友又成了我的校友，無比歡欣。

愛情一旦開始，嚴格地說，不是兩個人之間的事情。也許因此同時開始了其它美好的情誼，比如友情。因為，愛情必活在生活中，生活怎麼可能僅是兩個人的事呢？

在家，爸媽也不會緘口各自的前任男女友。一個下午，收拾東西，媽媽向我展示一方精緻的印章，滿是憧憬地說：

「這是我大學同學送我的。」

「哦。」

「是個男同學。」

「哦。」

「後來我才發現原來他那時喜歡我。」

「哦——啊？！」

「可是我太晚熟，什麼也不懂，以為他只是一個出色的篆刻愛好者。」

哎呀，我這遲鈍程度，真是我媽的女兒啊……

當時心裡小失望了一下。「要是你早點領悟，我就有一個名牌學校的爸爸可以吹噓了。」

媽說：「可那樣的話，就沒有你了啊。」

接不上話了。

所以，愛情是一系列的巧合，串成一串。不管這巧合是好是壞，我都心懷感激，因為如果沒有任何一環，都不會有正在寫下這文字的我。所以，不管命運如何，我也都將心懷感激。

可惜爸媽的同校戀沒有成功，但家裡畢竟有一對——舅舅舅媽。

舅舅：「看，我初中高中都早戀，但最後都沒有結果，」勸導之時竟分明透著一副幸福的表情，「所以你中學一定要好好學習，談戀愛這事大學再說。」舅媽靠在他肩上拆臺：「其實如果有喜歡的人，也是你一生的財富，不管在人生哪個階段。」

想起了小學同學的一篇《Valentine 賀文》，中考之後寫在了博客上。從來沒有想到看似每天跟大家嬉皮笑臉的同學竟然那時就延宕出如此深沉美妙的感情；沒想到愛情竟然可以綻放得這麼早，美好竟然就在我身邊。年紀雖小，即使爸媽這些大人們讀過我那位朋友的文章後，都滿是敬意羨慕。沒有人讀完她的文章會說，屁大點的孩子就懂什麼是愛情，或者搖搖頭，小學就早戀……

不不，愛情可以發生在任何階段，滿是愛慕與互相欣賞。小學也好，大學也罷，沒有人可以踐踏嘲笑這份人們共通的感情，即使他是個孩子，或即使它沒有結果。

家裡最離譜的戀愛非叔叔嬸嬸莫屬。其實我的作文，把他們的故事嫁接到了爸媽身上。他們才是真正的情書定情。叔叔嬸嬸的相遇發生在火車站的候車室裡。當時叔叔已經上完大學，看著剛剛背起行囊，即將踏上北上求學列車的小姑娘，滿是疼愛。然後——

然後兩個人交換了位址。然後——

然後火車開走了……

沒想到，這短短候車時間，開啟了橫跨半個中國的書信往來。

姑姑說：「哥哥真是好不靠譜啊！」

媽媽點評：「這是他們葉家人，不對，你們葉家人共有的品質。像你叔叔追你嬸嬸，你爸爸追我，都是那麼勇敢。或者換一種說法，是——」

「厚臉皮！」我跟我爸爸異口同聲打斷了媽媽的抒情。

所以說，愛情這東西，不管靠美食誘惑也好，書信往來也好；不管經人介紹也好，同窗情深也好；不管發生在工作之後，或是小學四年級；不管家人力挺又催促，或全家群起反對；不管成功也好，像上述的故事，失敗也好，像上述故事中沒有名字的陌生人，愛就是愛，都是生活的幸福，都是命運的賜予。

愛情的主題永恆不變。「愛情無論形式，其本在於美好的感情」這個道理已經被千百年的遷客騷人說得太多太多，不差我這篇〈本〉。在上海有一條甜愛街，整條街寫滿了古今中外關於愛情的箴言，然而在〈關雎〉邊上竟然還有「××愛○○」的塗鴉。聖人面前多說何益？而愛情確乎每個人都要說一說的。塗鴉在甜愛街，也是甜蜜的印證。這也是愛情的魅力所在。

提一下後來，以上所記每個人都幸福快樂，找到了所愛。瞧！不管什麼形式的愛情，不都這麼幸福？

本

葉雨菲

書信的交流形式即將消失。當媽媽翻出往日依然昏黃的一疊情書，眼露幸福，卻無限感慨。「沒關係，媽，書信，只是愛的形式而已。本，不會變的。」

不禁想到了韓非子的一句「世異則事異」，他認為，上古之推德禮教的方法已經不能滿足於當世需要，便把儒士禮樂化為禍害。而此後秦王朝在法家的指導思想下滅六國，締造大一統，似乎也不幸地印證了韓非子的「上古競於道德，中世逐於智謀，當今爭於氣力」的論斷。

但我們在高呼君子之禮不再前，要警覺到，法儒的終極目的不正是國泰民安，無內憂外患嗎？要使人民生活幸福，和平年代自然應休養生息，提倡古之風尚，寬政治國；在強盜都招搖過市的亂世之年，只能選擇一種強權的辦法懲惡揚善。這正是時代不同現實情況不同在一個統一的目的——強國安民的指導下採取的不同形式罷了。是故世易事異，追求理想國的信仰無異。

我們當代人所學的科學史中，無不會提到一位先人——亞里斯多德。遺憾的是，我們每次介紹他時，幾乎都不可避免地批判他看似荒謬的理論。這部「百科全書」說：重的物體下落快。一個初中生就能毫不費力地用歸謬法把它推翻。我們甚至花一整節課討論多種方法證明「力不是維持物體運動的原因」，把這位聖人的觀點駁得體無完膚。其實，亞里斯多德的理論幾乎沒有幾個至今仍舊正確的。

可是，在那節討論課上，我們批判它，卻沒有人嘲笑他。嘲笑古人的愚昧，理論的不著邊際。因為某個角度，我們站在同一水平線上，這條線叫求真。出於對未知的好奇，真理的執著，亞里斯多德選擇了一種理論形式；站在前人的肩膀上，我們面對著同一片未知的海洋，也選擇了一種形式。我們都嚮往著那片神秘的大海，渴望到達彼岸，其本未變。

每十八個月晶片縮小一半，信息技術發展如此神速，技術形式更新，其超越極限追求精緻之本不變；王朝更迭，縱使「六朝如夢鳥空啼」，社會形式革命，一代人心中的桃花源之本不移。人生苦短，每個人「人事有代謝」之形式不停息，然「往來成古今」的歷史發展之本未消逝。

即使有一天情書的形式真的不復，而對愛情的嚮往之本將永存。

葉雨菲同學會和媽媽探討愛情的話題，這，在我們的傳統家庭裡，算是一件很新奇的事情。可是，當我在表達「新奇」之感的時候，我又覺得很傷感：我們為什麼就不可以和父母聊聊愛情呢？父母的愛情經歷和愛情感悟，對於我們，難道不是一筆巨大的財富嗎？況且，這筆財富我們幾乎不可能從別的地方得到呀！

說起「情書」，她的媽媽有著甜美的記憶，所以才會對現在情書的消逝而感慨。作者卻說：本質不變，形式無所謂；「即使有一天情書的形式真的不復，而對愛情的嚮往之本將永存」。

本文談到了哲學，談到了科學，說得都很好。但是，錦上添花的，就是這首尾兩段關於「情書」的故事了。就是這「情書」，使得一篇原本可能流於枯燥說理的文章，有了靈動的色彩。這就是愛情的魔力。

黃春

聲音

王紫嫣

北京四中二〇一二屆，現就讀於北京師範大學。

我嚮往文藝些精緻些的生活，卻總處在散漫的混亂的現實。我喜歡攝影，喜歡畫畫，喜歡走在路上，也喜歡寫點東西。尋找美，感悟它，記錄它的過程總是有趣而精奇的。即使總是拍不到好照片，寫不出燦爛的文字，我依然篤信生活本身的美好。

身邊的人，相貌或有美醜，性子也千差萬別。他們的聲音，自也各不相同。常常欣賞、品味每個人的聲音，不知怎的，總會覺得，一個人的聲音和這個人實在是再般配不過了，似乎只有這樣的聲音，才正切合這般的長相性格。

印象中，母親總是溫和的，聲音也總是平淡和緩，讓人暖洋洋的；父親總是閒不住，聲音也就常常跳躍著，聽者似乎也能沾上幾分激情；老師的聲音總是語重心長的長者調子，讓人不由得肅然起敬；醫生的聲音從來都是波瀾不驚沒什麼大不了的樣子，襯著我的大驚小怪……

如此，欣賞一個人便從欣賞他的聲音開始。總說人不可貌相，但我總相信聲音不會欺騙我。能有好聽聲音的人，大抵會是個好人吧？聲音寬厚的，多半也有寬廣豁達的心胸。

後來，帶著青春的衝動喜歡上一個男孩，一個普普通通平平凡凡的男孩。長得並不驚人的帥氣，頭腦也並不超凡脫俗的聰明，喜歡他，若真有什麼理由，便是因為迷戀陶醉於他美妙的聲音：優雅，有磁性，微微沙啞。平平淡淡的一句話總在我耳畔一遍遍迴響，在心頭一遍遍重溫。電話那端他念著作業，於我，也成了仙樂，值得反覆把玩，細細咀嚼，在夜晚寂靜時獨自品味其中似有似無的淡淡味道，越品味，就越是迷戀。

終歸是場衝動，終歸漸漸消退。而我丟失的不僅僅是那份再也不會重現的最單純的情感，還有那個再也不如原先那般純美的聲音。再聽來，那個曾讓我無限傾慕的美妙聲音，變得嘶啞，黯淡，不堪入耳，甚至帶著幾分邪氣；那些曾讓我不斷揣摩的話語，似乎也只剩下了話語本身的貧瘠含義，再沒有什麼品評的必要。他還是他，變的只是他的聲音，還有，我的感情。為什麼，美好的東西總是相伴逝去呢？

再回想那段天真的歲月，似乎明白，我真正迷戀的不是他的聲音，而是回味他聲音時心中的萌動；真正美妙的也不是他的聲音，而是那份稚嫩青澀的感情。平凡的句子一遍遍略過心頭，每一次，都被賦予些許新的我的感悟，它所附加的感情也就更深、更濃。原來我喜歡的，不是那個男孩，不是他的聲音，而只是喜歡上喜歡著一個人的感覺。我真正品味的，其實是我自己的感情，越品味，越悠遠。

眼見為實，我們往往不能輕易因為喜愛而美化看到的人的長相。但聽聲音，似乎總是透過情感再品評。再仔細地聽，原來母親的聲音也時常毛躁，父親的聲音也有時失落，老師的聲音也會沒大沒小地戲謔，醫生的聲音也不總是沒有起伏……我印象中他們的聲音，或許只是我印象中的這些人，我印象中的這些情。也許，聽到的永遠不會是原本的聲音，而是被心中情愫一遍遍美化後的樣子。

聽見的是那陣聲，聽懂的是那個人，聽出的是那份情。愛上聲音，愛上的是生活，愛上的是萬千情感。

本文是一個學生按照老師給出的話題（「聲音」）而寫的作文。世上那麼多聲音，她選擇了和愛情相關的一位男生的聲音。

愛上一個男生，很可能就是因為被他的聲音吸引。哦，在那個從青澀走向成熟的年紀裡，男生的聲音忽然變得深沉渾厚起來，居然還帶點兒磁鐵般的力量。你不得不被他吸引，你整個記憶，整個腦海，都是這樣的聲波，都是他的影子。你覺得自己完全被這聲音征服。

你有過，可你不寫。注意，我說的是「不寫」，我說的是你想寫而沒寫。你怕，你怕老師說你不健康，你怕作文得低分。於是你就關上了這扇門，去到別人的世界裡找尋寫作的材料：陶淵明發出了「歸去來兮」的聲音，李白髮出了「天生我材必有用」的聲音，馬丁・路德金發出了「我有一個夢想」的聲音……你就此用這三塊磚，砌成了一堵牆，再抹點兒水泥。然後，交了卷，心裡很踏實。

可以並不高興，並沒有成就感。因為你沒有寫你最想寫的事情，你沒有展示你的真性情。不像是本文，王紫嫣同學寫自己對一個男生癡迷，因為「聲音」。

當然，男孩子的你，愛上一個女生，也是這樣的吧！

黃春

一封情書

劉迪宇

北京四中二〇一三屆，現考取香港大學。

雖然來自人文實驗班，按說文學素養應是很高，但我的興趣點卻是在戲劇藝術上，因此在作文上的造詣淺得很。偶有這樣一篇文章，卻也是在矬子裡拔將軍了。希望在文章中偶有幾個亮點可以對各位有所幫助！

「奇怪，哪去了？」媽媽捂著口鼻，翻動著那落滿灰塵的信封。突然響起了尖銳刺耳的電話鈴聲。「你等會兒啊，我一會兒給你找！」

我跟著她走進客廳，看到爸爸已經橫臥在沙發上，打著呼嚕，手裡握著電視遙控器，睡著了。

「我們倆沒你那會兒，你爸可從來不是看著看著電視就能睡著的。」我想起剛才吃飯的時候媽媽用這句話引出了他倆年輕時候的事。

「那時候也得有電視啊！」爸爸咕噥了一句。

「怎麼沒有，那黑白的小電視，前幾年給賣了廢品的那個！不過那時候倒是也不怎麼看。」

「那你們晚上都幹麼啊？」我很詫異，因為我想像不到沒有電視、沒有電腦的晚上該如何度過。

「散步啊串門啊玩牌啊，還有坐院裡聊天啊，能做的事多了去了！」

我回憶起了我五歲的時候，沒有什麼電視電腦 PSP，有的只是院前的一堆施工用的沙子、床底下藍箱子裡的形形色色的玩具，叫上周圍的一幫小朋友，在沙子裡摸爬滾打、玩具大軍中過家家。現在門前是齊整的停車位、床底下的藍箱子裡放的是破破爛爛的卷子，現在和周圍的「小朋友」，已經能夠做到「老死不相往來」了。

「哦，對了！那時候晚上還會寫信，寫給七大姑八大姨的，同學的閨蜜的，可是沒現在方便！現在發個信都能省了郵票錢了。」

好？我心想，要是我能多寫幾封信，我的字也就沒這麼讓人反胃了。等等，小學的時候我倒是寫過一封，不過那也不能叫正經的信，只是一封給女同學的情書罷了。

「你爸那時候還給你媽我寫過情書呢！」

「你跟孩子說這幹麼！」我第一次看到爸爸的臉變得這麼紅。

「那怎麼了！他都快十八了！」於是媽媽就眉飛色舞地回憶起了那封情書的內容，像是她的大腦就是一個郵箱，爸爸的那封信已經永久地儲存在了那裡。

我小學喜歡的那個女生長大了後，會跟她的丈夫和孩子說起那封情書嗎？她還留著嗎？那或許是她收到的唯一一封紙質的信吧。

媽媽又在和朋友煲電話粥了，爸爸又一邊看電視一邊睡著了，而我也該戴上耳機，打開「暴風影音」，像往常一樣去看個 720P 的電影了。

我麻木地滑動著滑鼠的滾輪，隨便按兩下了一個檔，抓起耳機胡亂套在頭上，卻提不起興致去看那華麗變化的畫面。我想去串門、去散步、去打牌、去聊天、去寫信！我想砸了電腦、砸了電視、砸了電話、砸了所有擴大了我和我愛的人距離的那些高科技！我想再來一次剛才那樣的談話，我想讀讀爸爸寫給媽媽的那封情書……

等許多年以後，我們在吃飯的時候，我該如何對我的孩子描述他爸和他媽年輕時候的事呢？

你們的父母，只要是自由戀愛，大抵都是有過「情書」的案底的。這個不稀奇，我稀奇的是這麼一個三口之家，爸爸，媽媽，和十七八歲的兒子，一起寫情書，說情書，找情書，想情書。這是一件多麼美妙的事情，這必定是一個溫馨而浪漫的夜晚。這樣長大的孩子，怎麼會談不來戀愛呢？怎麼會寫不出好作文呢？

同樣是寫「書信」，劉迪宇同學並沒有理論結合實際地大談特談書信的好處和電子郵件的弊端，沒有把自己抬高到時代評論者的高度去議論，去評價，去褒貶，而是趁媽媽找情書聊情書的時候，回想自己的「書信歷史」，旁觀爸媽的「情書歷史」，暢想未來的「情書命運」，再和自己眼下的「滑鼠生活」相比較，表達對「情書時代」已然沒落的歎惋之情。

黃春

春

高穎莎

北京四中二〇一二級在校學生。

自認為比較懶惰，別人看起來會覺得我很內向……但其實我是一個很熱情的姑娘。

沒有什麼業餘愛好，只是為了身體健康和豐富知識的美好願望，

在業餘時間會跑跑步，看看書，或者約上好友在大街上一起散步。

我對未來的設想就是希望以後的社會會越來越好，也希望自己能做一個好人。

如果能成為你心中的春天，那該有多好。

——題記

我常想，自己到底給別人一個怎樣的印象，是不拘小節，還是斤斤計較；是開朗大方，還是孤僻怪異……對於這些，我只能夠想像。真正的答案，我不得而知。

現在這顆星球上，有著億萬和我同樣的人。有的人功成名就，流芳百世。可是除了他們，更多的人只是一個數字，就好像我，是「13 億」中的一個「1」。自忖成不了什麼著名人物，我的名字也終究會隨著我的離開而化作一個資料，被人們所遺忘。我能做的，也是我想做的，是成為你心中的春天。

成為你心中的春，不必像夏那樣熱烈，也沒有秋的富饒，更不同於冬的淒美，只是小小的春罷了。

春該是這樣的:一個平凡的姑娘，她有著許許多多平凡的缺點，但都只是無關緊要的小毛病。她並不是個完美的存在，但是你思前想後，卻指不出她怎樣才會更好一點。想到她，你會聞到類似雨後青草的味道，然後莫名地微笑。暫別時，你不禁吟出「陌上花開，可緩緩歸矣」；動情時，輕輕讚她「你是我人間的四月天」；分開時，懊悔道「人生若只如初見」，縱使這般，也只留下一個蕭瑟的背影，

悠悠離開。

花開得太荼蘼，結尾往往很悲傷。春就好。這廂淡淡地開放，那廂遠遠地觀望，觀景者若能入情，也就不枉了這花開。

沒有誰可以左右結局，不必苛求最終一定要地久天長。並非每個結局都會美滿，錯過也是一種美。倘若能在回憶中美好，也就足夠了。我寧願做你記憶中永遠的春，也不要成為你身邊一顆爛掉的果子。

春，不該有痛心入骨的分離。不合適的話，就清清爽爽地分開。不必像作繭自縛的蛾，將自己和對方深深纏繞，到最後撕扯不清。有時，相濡以沫，不如相忘於江湖。不必讓最後的執著阻礙了彼此的未來，因為是春，漸行漸遠漸無書也是一種瀟灑。

人生太短暫，就像晨露，經不起陽光的照耀。我希望在我最美麗的年華遇到你，成為你心中的春，讓你在想起我時展眉一笑；化作一縷春光，幫你驅散霧靄和迷茫；喚來一場春雨，為你澆灌滋養乾涸的夢想。

即使早已天各一方，記得最初相視時的莞爾一笑，也就夠了。我知道人終會改變，終會老去，但若是能在你的記憶中封存一個美好的我，足矣！

我想成為你記憶中永遠的春。

如果說這位同學也是在寫愛情，你可能會反對我。是呀！寫得含蓄，寫得婉轉。這位叫高穎莎的女同學，真的不是要寫愛情，而是巧妙地借助一場愛情宣言的形式，表達自己的人生價值觀——我想成為一個怎樣的人，我想留給這個世界怎樣的印象和記憶。這就比一般的愛情文章，更高級了。

她筆下的「春」，有姹紫嫣紅，有柔情萬種。這並不重要，重要的是春沒有夏的濃烈，沒有秋的撕扯，沒有冬的沉寂；半開半醉的樣子，最是好。且不說她徐志摩一般的情感，也不說她《致橡樹》一般的構想，單說她對愛情的理解，以及所折射出的對人生的理解，就已是極品。

看來，愛情，真是讓人美麗，讓文美麗呀！

黃春

CHAPTER 07
思想篇

做一根有思想的蘆葦

黃春

不小心在網路上見到這麼一篇中學生習作〈如何對待潮流〉，不敢苟同於評點老師的讚揚，摘錄於此，小作議論：

潮流分為很多種，有科技潮流、時尚潮流、思想潮流……對於這些潮流，我們應該怎樣去做才是正確的呢？我認為，對不同的潮流，我們應該有不同的反應。

首先，我們應積極追趕和適應科技潮流，並爭取走在最前端……

其次，對時尚潮流，我們也要努力追趕，但是要有限度……

再次，對於思想潮流，我們要先分清好壞，再決定是否追求……

從以上幾點我們可以看出，只要是好的、對我們有利的潮流，我們就應努力追趕並適應它。不好的潮流，我們應堅決抵制它。這樣做，就是正確地對待潮流。我們的生活也會因此而更加美好。

（注：為節約篇幅，省略號處省略了大段舉例部分。）

不知道是通常的規律，還是我個人的偏見，大凡在講話或作文中喜歡開列「一二三四」、「甲乙丙丁」的，看似條理清晰，但大抵都空話連篇。這種文風，適合擺大道理，適合嚇唬人。

讀者只要略加質疑，作者便會瞠目結舌啞口無言。比如：

本文中心思想（核心觀點）「對不同的潮流，我們應該有不同的反應」，難道不是廢話嗎？

什麼叫「科技潮流」？什麼叫「追趕科技潮流」？賣血賣腎然後徹夜排隊去搶買新版蘋果手機，算不算？

我們要怎樣「努力」去追趕時尚潮流呢？既然須努力，為何又要「有限度」呢？請問什麼叫「有限度的努力」？

什麼是「思想潮流」？我怎麼才能分清好壞？

結論裡說「只要是好的、對我們有利的潮流，我們就應努力追趕並適應它。不好的潮流，我們應堅決抵制它」，難道不是又一句廢話嗎？

每個人都煩死了聽人講又大又空的所謂道理，為何自己寫作的時候，就忘了呢？究其緣由，便是沒有思想——起碼是沒有自己的思想。

正如俗話所說：把別人的腦袋，安在自己的脖子上。就寫作而言，無異於為了一個自己未必信奉的所謂觀點，搜腸刮肚地尋找幾個蒼白的證據。

有個學生以「說探索」寫了一篇文章，為的是要宣導探索精神，他說：

只有敢於攀登高峰的人才能看到壯美的景致，只有善於鑽研的人才能獲得珍貴的成果。

這本來很好。可你看他所搜尋到的證據：

陳景潤幾十年如一日，向神秘的數學問題挑戰，取得了世界領先的成績；水稻學家袁隆平，踏遍祖國的山山水水，尋找野生水稻，從而探索優良水稻品種的培育，成為中國「水稻之父」……

何謂「探索」？「幾十年如一日」就是「探索」？「踏遍祖國山山水水」，就是「探索」？我看，說成是「堅持」、「毅力」、「持之以恆」、「勇氣」、「實踐」等，更合適吧。

很多老師會將這種行文毛病，定性為「材料選擇不當」，於是致力於培養學生選擇材料的意識和能力。然而，事實證明，收效甚微。為什麼？

我以為，沒有人缺乏材料，沒有人缺乏最合適的材料；所缺的，是思想而已。

這位寫《說探索》的學生，他自己一定沒「探索」過，沒有「探索」的體驗，才會簡單粗暴地將「陳景潤」、「袁隆平」拉進自己的隊伍為自己的立論撐腰壯膽。

也就是說，那句看似無比正確的觀點「只有敢於攀登高峰的人才能看到壯美的景致，只有善於鑽研的人才能獲得珍貴的成果」，並不出自作者自身的思想。

這是最可悲的事情。而很多人，都在自發甚至自覺地釀造著這樣的悲劇。

記得我的一個心愛文學的女學生，被父母硬逼著進了理科班。之後她竟然在一篇題為「選擇」的文章裡，大談自己是如何深思熟慮如何愛好科技如何要像劉洋一樣飛向太空而棄文從理。面批作文的時候我問她為什麼不說實話？她詫異地看著我：「寫作文可以說實話？大家肯定都寫『選擇』是如何如何重要，我們需要多麼多麼慎重；一旦作出了選擇，就要堅持到底……我怎麼可以寫自己放棄了選擇權利聽命於父母？」

學生的這番話，我是深思過的。

寫讓座的人，真情願讓座嗎？寫感謝老師的人，真心感激嗎？寫「人而無信，樹而無皮」的人，真誠實守信嗎？寫「為中華之崛起而讀書」、「天下興亡匹夫有責」的人，真愛國愛民愛天下嗎？……

每個人都有自己的思想，只是，我們很容易忘記了自己生來就是有腦袋的。

後來我提示這位女學生，我說，你就寫一寫人生中的那麼多選擇，有些時候是由不得自己的。在「自主選擇」和「被逼無奈」之間主動且情願地作出一些妥協，不也是一種「自主選擇」嗎？比如「父母之命」、「國家需要」……你放棄一己之愛好以遵從父母之期望，此乃大孝啊！

後來她還真重寫了一篇〈我的選擇〉，感動了我好半天（可惜沒留下原稿，再也無處尋覓了。不過，你完全可以想像一下前後兩稿的天壤之別）。

都說：「文以載道。」此「道」，當然可指「思想」。

很多學生從小就深受「健康」、「積極」、「向上」、「高尚」等修飾語的影響，以為作文中之「思想」，必須得「高」、「大」、「全」才行。於是就開始猶疑：我要是談一點兒自己的小快樂，會不會被認定為低俗？我要是說點兒自己的小功利，會不會被認定為卑鄙？我要是寫點兒自己的小煩惱，會不會被認定為狹隘？我要是議一點兒社會的陰暗面，會不會被認定為反動？……

比如二〇一二年北京高考作文題：老計一個人工作在大山深處，負責巡視鐵路，防止落石、滑坡、倒樹危及行車安全，每天要獨自行走二十多公里，每當列車經過，老計都會莊重地向疾馳而過的列車舉手致敬。此時，列車也鳴響汽笛，汽笛聲在深山中久久迴響……大山深處的獨自巡視，莊重的巡禮，久久迴響的汽笛……這一個個場景帶給你怎樣的感受和思考？請在材料含義範圍之內，自定角度，自擬題目，自選文體（詩歌除外），寫一篇不少於八百字的文章。

這些場景帶給我怎樣的思考？千千萬萬的考生們粗粗一想，就開始沿著「堅守」、「責任」、「信仰」的大道，開始狂奔。這當然完全可以。

高考之後，一位學生找我聊天，聊起了他的高考作文。他說：「其實我特想寫一寫這個社會的悲哀。」他說，如此關乎億萬生命的崗位，為何會是如此待遇？為何只是一個老頭？幾十年？獨自一人？我說：「很好啊！你為啥不寫？」他說：

想得太個人化，寫的跟別人不一樣會吃虧。」

「個人化」！「不一樣」！千古文章的可貴之處，就在於「個人化」，就在於和別人「不一樣」啊！

思想，是自己的。任何合乎正常邏輯的思想，都是應該受到尊重的；任何合乎正常邏輯的個性化思想，都是應該受到尊敬的。

我的學生吳昕悅，就是一個擁有自己思想並敢於表達自己思想的學生。

當大多數人都在「絕不能隨波逐流」的「真理」後亦步亦趨的時候，她寫下《隨性之美》：

大理的玉肆，老手藝人在雕琢手中的光華，時光雕琢著老人臉上的溝壑。買玉，買的不是那價值連城，買的是一份喜愛，一份玉緣，一份隨性，因為在你眼前一亮的瞬間，便連那瑕疵也一併愛了。斤斤計較的人買不得玉，便去買鑽石。從切工到硬度，甚至連每一粒的晶瑩程度都計算得無懈可擊，鎂光燈下是一種逼人的美，美得霸道而張揚。然而，美又怎麼能被計算，感覺又怎樣被度量？愁山的重量怎樣計量？寂寞的深淵如何尺度？隨性的美不可計量，在乎心間的感悟。

當大多數人眼裡的英雄，是神話裡無所不能的諸神、是叱吒風雲的將帥、是勳章累累的楷模的時候，她寫下《英雄》：

英雄是一種殘破的美。是的，絕大部分英雄在掙扎和血淚中死去，這成了梟雄們酒足飯飽後譏諷的對象。然而英雄最後的表情他們沒有看到，也不會相信——和從前面對所有風卷雲襲時一樣，那是一如既往的淡定的笑容。英雄，是楚大夫踱步江邊，沉吟不已；是嵇康「屠刀濺血染古琴，從此廣陵成絕響」；是諸葛孔明「出師未捷身先死，長使英雄淚滿襟」。英雄的美，淡定而壯烈。肉體自然消亡，一腔熱血卻將歷史灼起晶亮的疤痕。後人每每憶起總不禁扼腕歎息。秦王旋柱而走，群臣呆若木雞與荊軻倚柱而笑的對比，雖勝猶敗。荊軻雖敗，卻被千年慨歎。

隔壁班的韓冬同學，也是一個能夠勇敢思考的人。在大多數人紛紛表達要開門看世界出門闖世界的時候，他寫下〈關上身後的門〉：

聽說英國政界一位先人曾有隨手關門的習慣。有人問他，他說要把過去的關在門後。時值我們競賽過後，一位同學剛剛得知自己最終沒有邁過分數線，語文老師講了這個故事，也有些許安慰並鼓勵的意思吧！一切我要的，隨我進來；一切我不要的，關在門外。現在似乎已不是大呼開門看世界的時代了，比起過去的閉塞，現在擾人的反而更多的是紛亂。於是我才想起關門的意義了。其實人心和日常生計有幾分相似，我們要開門去到社會上混混，給予什麼，索取什麼；也要回到家中關上家門，靜靜地給自己一份平和，一份思考。

最喜歡此文開篇的一句：

門，最大的特點就是可以開，也可以關。開不開的是牆，關不上的那是洞。

很幽默的思想。

還有一位徐露婷同學，思考得更是深入本質。在大多數人以為苦難與快樂成反比的時候，她寫下《快樂，與苦難無關》：

我記得在北京，那些民工返鄉前徹夜的歡歌；我也記得，把家裡廢棄的電腦送給街角賣菜的女人時，她那兩個女兒臉上煥發的神采；我更記得，在香山山頂上，那位養了三條流浪狗的拾垃圾的老人，當日頭漸漸向山後墜下去時，老人一手提一個裝垃圾的黑口袋，悠哉悠哉地向深山裡去了。一聲口哨，三隻狗圍著主人的腿撒歡兒乞食。老頭從垃圾袋裡挑出半截火腿腸餵給最小的狗，姿勢都充滿了愛憐。「在逆境中微笑者，較之在順境中狂笑者，更是難為。」在苦難中尋求快樂的人，他們才是真正快樂的持有者。或者說，快樂，這人世間最純粹的情感，與苦難無關。

以前我每次帶領學生去山區支教，都希望我的學生能夠給那裡的孩子帶去更多的快樂。而正是這篇文章，正是徐露婷同學的思想，從此我改正了想法，我開始對我的學生們說：「去吧，努力去分享他們的快樂。」

還有我的學生安蔚然，也是個與眾不同的思考者。在大多數人高喊「青春無悔」的時候，她寫下《青春有悔》：

我願意用「無悔」二字來表彰自己尚未結束的青春，作為一種炫耀或者標榜。可其實我說了謊。我曾很後悔很後悔過。當我藉口忙碌不願走長路去看外婆，卻聽到電話裡她想念卻怕我擔心而壓抑的哭聲時，我後悔；當我背棄了一段友情，深深傷害了一顆敏感跳動的心時，我後悔；當我唐突了青春寶貴的時光，浪費了廣闊世界中的千萬美景而困坐於斗室中碌碌終日時，我後悔；當我一天天褪去青澀與天真，懂得用理智來交換情感，用現實狠狠衝擊了夢想，輕易地放棄了曾經那麼熱愛的東西時，我，特別後悔。

你的青春，無悔乎？後悔乎？

當你秉承真性情而寫作時，你才能勇敢地表達自己的思想。接下來，因為你勇敢地表達了自己的思想，所以，你的文章，是擁有真性情的。

對了，有不少學生向我提問：「有些問題，我思考過，但得不出個結論來，怎麼辦？」

這種問題，當然是有的。人非聖賢，孰能無惑？我倒以為，正因為「有惑」，才證明你曾經思考過。

比如我們常常議論「教育」的話題。當我們大談特談教育之重要時，你認為「受過教育，一定好嗎？」、「未受教育，一定不好嗎？」、「何謂教育呢？」……

還有「誠信」、「規則」、「勤奮」、「創新」等話題，都能一概而論嗎？

北京四中在某次階段考試中出了這樣一個作文題：

某校舉辦「青年禮」儀式，要求學生「跪父母，接家書」。有人質疑，跪下，就是孝敬嗎？或者說，表達孝敬，非跪不可？也有人認為，儘管跪下去的孩子們未必都是誠心，但是，必要的儀式能喚醒他們的孝心。有人犀利批判，我們的教育難道是要培養跪著的人？也有人反駁說，跪天跪地跪父母，天經地義……你一定也有自己的看法，請自選角度，自擬題目，聯繫實際，寫一篇不少於八百字的文章。除詩歌外文體不限。

跪？當然可以。雖說男兒膝下有黃金，但是跪天跪地跪父母，給父母下跪，天經地義。羔羊還跪乳呢。

不跪？當然可以。等級禮數中的糟粕，到如今文明社會，理應廢止。握手也可，擁抱也可，鞠躬也可，何必要跪？

怎麼說，都有理。這正是討論的價值所在。

很多學生在寫作此文的時候，都努力地將自己置身於某一個立場。考試過後跟我說：「老師，寫得很糾結。」我知道，他們的「糾結」，就在於說不清「到底該不該跪下」。

我問他們：「如果我們學校的成人禮，也通知你有這麼個『下跪』的環節，你會作何反應？當主持人下令『跪下』的時候，你會『跪下』嗎？當你隨著別人而『跪下』的時候，你會彆扭嗎？當你跪完了起身後，你會後悔嗎？……還有，從來沒有向父母跪下的你，從此以後會再有可能跪下嗎？比如，你出嫁的時候會跪別你心懷不捨的父母嗎？你會跪在床邊伺候年邁的父母穿衣餵食嗎？你會跪在靈堂上送別去世的父母嗎？……」

學生們聽我的這番提問，很是吃驚。跪？不跪？會？不會？「說不好」，這幾乎是所有人給我的回答。這就對了，很多事情，沒到那個時候，沒親臨那個現場，你怎麼知道自己會還是不會呢？

當你意識到自己「說不好」、「說不清」的時候，其實，是你的思想開始成熟的時候。將這種「說不好」、「說不清」的思考，好好地說出來，就是你的真實而又有意義的思想。

所以我說，迷茫，也是思想。

先知先覺，自然很好；後知後覺，也很好；不知不覺，未嘗不是一種思考，甚至是更深層的思考呢！

逆主流反高潮的聲音
——我是怎樣作文的

秦勁風

北京四中二〇一二屆，現就讀於北京大學。
高中至今一直追求玩兒心與學術心二者兼顧，打得來 DOTA 也做得來學霸，
並且在寫作中逐漸摸索出了一點自己的路數。成績什麼的不敢自己妄加評判，
在寫東西的這樣一個過程裡終歸還算樂在其中。

那天接到黃春老師電話，說要為學弟學妹們寫點東西談談作文裡面如何體現思想，有點受寵若驚的感覺。首先是承蒙各位語文老師錯愛，無論是這次選中我的黃老師還是忍受了我三年奇怪文風的韓老師，統統一併感謝。其次我會努力寫點不一樣的東西，爭取給深受作文困擾的學弟學妹們一點信心與啟迪，即便我們沒有八股沒有套路沒有好詞好句，至少我們可以把寫作文這個過程處理得好玩一點。其實你們的不羈放浪愛自由可以在文章裡玩得很漂亮。

外交辭令講完了，下面說我自己。從初中到高中的上半程，一直被那種盛行的小清新寫法弄得很痛苦，直到某一次嘗試用偏重議論分析的形式去完成習作，收到了意料之外的好結果，之後就一直這樣寫了下去。其間五十三分往上三十七分往下的成績都沒少拿，唯獨高考的時候被滿溢正能量的鐵路師傅搞得束手束腳，充其量四十五分上下而已。所以大家要這樣想：這樣一個作文成績不過爾爾的人也可以跟我們充大輩誇誇其談，可見寫作文並非難於登天，我們又怎會比他差。

然後說說我眼中這種寫思想寫評論的作文的一些優缺點。

優點之一是寫作時拘束會比較少，倘若寫得出格一些也可以被包容，這樣起碼可以寫得很舒暢很有成就感（個人覺得這個寫法比

起為賦新詞強說愁那一套要高端大氣上檔次不少）；之二是門檻比較低，無須遍覽群書博古通今，只要你願意思考願意質疑甚至僅僅是願意吐槽，那麼不算豐厚的知識積累也可以寫出花樣翻新；之三我想說深刻見解是很抓眼球的亮點，讀者可以反推出你這個人嚴密的邏輯思辨能力——只要高考作文題目不要一直這麼和諧下去，只要閱卷老師中意這種風格，你的投入產出比是很高的。

缺點一樣明顯：高回報的代價是高風險，這個調子的局限性是比較大的，趕上二〇一二年高考題＋最美誰誰誰大行其道＋感動中國余溫未散的組合，至少我是迴天乏術；並且這樣寫很看狀態，譬如那天你情緒低落或者看題目不來電，繼續這樣的風格會寫得舉步維艱。

剩下的篇幅我將具體談談我寫這類作文時候的一些關鍵之處。

第一位重要的是寫手要抱定一個堅定強勢非黑即白的立場，然後把這種狀態貫徹始終。縱然辯證不走極端是一種更客觀恰切的態度，但功利一點來說它會帶來矛盾搖擺，議論文如果充滿糾結就難免綿軟無力，也就無法令人信服（或者說這樣的高端玩法其實我也不太玩得溜）。我覺得只要不反人類反社會，立場沒有對錯之分，關鍵在於表述，且不論觀點的傳統或新潮，如果有力的言語貫穿全文，甚至帶著點侵略性去攻訐相反的觀點——以我的習慣會再適量加入一點不容置辯的壓迫感，那麼閱讀你文章的人會跟著你的節奏走，隨你洗他的腦。厚古薄今沒有錯，又紅又專沒有錯，叢林法則沒有錯……只要你堅信自己是正確的。

再就是寫作素材，這裡分成三部分談。

其一是對社會熱點話題要保持關注。我想說的是那些爭議性比較強的事情真的比感動中國耐琢磨，一方面有代入感又不致審美疲勞，另一方面也易於發生一些討巧的觀點引發共鳴。話說我很好奇一件事，那些讓頒獎詞默寫在作文中佔有過半比重的同學們佈局謀篇起來不覺得彆扭嗎？如果我們每天肯把玩手遊、水人人的時間抽出一點來了解一下當天新聞，寫一點自己的看法，其實作文素材的準備應該不會成為很重的負擔。

其二是接受素材可以不拘一格。以我自己來說，寫作文的硬傷是欠缺閱讀量。但我平時比較愛玩，從而動畫片遊戲電影之類會大量佔據我的素材庫。其實這也不失為一種捷徑：沒必要提寓教於樂這種漂亮話，如果你喜歡一樣東西，自然會比別人有更深沉的觀感體驗，把它們如實呈現出來對別人而言就意味著新鮮感。舉個例子，西城一模「有我」跟「無我」的話題，如果換作我寫的話，我會引入《機動戰士高達 UC》的一些東西，像「我將自己視作這個巨大體制之下的一枚齒輪……齒輪也有齒輪的志氣」這樣的臺詞，如果經由再創作可以讓閱卷老師也讀得很燃很熱血的話，那麼一樣可以起到很好的效果。所以在我看來，如果無愛，沒必要拿大部頭折磨自己。只要有心，通俗文學速食作品乃至明星崇拜一樣可以被你用得得心應手。猶記當年「不完美」的話題詞讓一個羅伯托・巴喬的死忠寫的那叫一個靈動帥氣。

其三是多聽取不同的聲音。如果你有心留意不同人的不同世界觀價值觀的話，你完全可以把水人人、水微博、水論壇……變成一些不那麼水的事情。沒準誰拋出的一個觀點正對你的胃口，那樣的話不妨加以利用——但不要沾染跟風無腦黑之類的習氣。

最後說一點行文風格的事情。我總覺得自己的寫作風格說白了就是把腹黑吐槽做的有理有據且不乏一點……姑且叫「冷豔高貴」吧。我想說憤青很好說明你還在思考，但即便是噴，也要依循理性去噴而非憑著慣性去噴。

「有理有據」是說首先你的分析論斷要建立在紮實的材料與嚴密的分析上，漫無目的地喊口號最好還是停留在你自己的日誌狀態裡面；其次文章不應止步於否定現狀，相反一個建設性的收束才應該是思考的終點，我不認為閱卷人有心思看你用一整篇文章的篇幅去賣弄自己罵人不帶髒字的技藝，冷峻兼有熱烈才應該是此類文章比較理想的情緒基調：一方面有反思批判，一方面也務必要延續著希望與可能性。

「冷豔高貴」是說我們應該有一種對世俗的超越感。這裡說一下題目中的「逆主流反高潮」。我覺得很多時候往往是少數派的言論可以切中肯綮：如果輿論習慣在道德制高點上品評他人，我們不妨立足生活本身書寫關懷；如果主流聲音在為浮誇唱高調，我們完全可以在紮實上做文章。這個社會的習氣本來就存在問題，逆主流而動不僅可以讓人眼前一亮更可以喚起讀者內心的高度認同。

除此以外，我單方面的希望大家不要做那些糟粕文化的附庸，其中尤指網路流行語。譬如我特別不覺得屌絲喊「逆襲」這件事有任何的正面意義。第一，這個詞本身就難登大雅之堂；第二，傑出的中國人尤其不應該對這個不學無術只會空想的社會群體抱有任何憐憫甚至是代入感。明辨是非不合流應該是我們最起碼的風骨與格調。

希望以上可以對大家有哪怕一點點啟發。即便拋開寫東西，用一個深邃的思想、一個反叛主流的視角去審視生活也應該會有不一樣的精彩。思辨這件事會令人受益終生。

尊嚴

秦勁風

最近出了這麼檔子事：一位母親的孩子身患重病，而母親無力支付醫藥費。

此事見諸網路之後，一名網友表示倘若那位母親能夠背著孩子在中心廣場跪行兩百米，自己願即刻捐給她兩萬元人民幣——毫無疑問，這事關尊嚴。

那位母親真的這樣做了。並且經調查，此事係她與一名網路推手共同策劃的舉措。從發帖到跪行，此事一出，輿論譁然，褒貶不一。在一檔民生節目中我看到這樣一幕：那名推手表示只是想幫到這位母親，而現場的一位評論員則是義憤填膺難掩心中怒火厲聲質問：你的行為是對她人格與尊嚴的踐踏，尊嚴已無，有什麼資格談「幫助」？

相信很多人抱有與之相似的觀點，這無可非議。的確，網路推手的行為值得商榷。只是我想說，是否「尊嚴」就是凌駕一切的存在？

不妨設想一下，倘若你就是那位當事母親，剛剛誕生的孩子性命危在旦夕，而你，孩子的至親骨肉，卻拿不出一分錢為孩子解除病痛，只能任他年幼的生命一分一秒地凋謝……此時，你是否願意捨棄自己的尊嚴換孩子一條可能得以存在的生命？我想，母性使然。任何一位母親都會這樣做，並且義無反顧。

而網路推手所為，固然是殘酷，卻一定是他利用職業特點想到的集資的最快途徑。縱然是對母親尊嚴的挑戰，至少他這樣做是出於對母親真正的憐憫，他在盡自己最大努力為她做些什麼。也許有悖倫理，我願意相信他出於善念。

反觀那位評論員，他沒有窮困潦倒的家境，沒有朝不保夕的孩子，他可以坐在攝像機前面高談闊論，將一個人做某件事的積極動機抹殺殆盡，而將消極因素無限誇大，藉此賺來大把鈔票。這樣的人談及尊嚴，我想，不過是粉飾著尊嚴與人格的冷漠罷了。也許街上看到這樣的一位母親，他甚至不會正眼看她。他可以放言別人踐踏尊嚴，那麼他是否願意用自己那顆崇尚人格的心靈施捨這位母親哪怕一塊錢呢？人格尊嚴掛在嘴邊踩在腳底，他不配為人。

記得某部小說裡這樣的情節，遠征軍走過國境線時，遇到一名女子。念著「過路君子誰能葬了我公公」，沒人理睬，除了一個人——那人要求她做他的妻子，她欣然接受。逝者入土，那人的長官卻要軍法處決這個「脅迫同胞」的士兵。此時此刻，恰如彼時彼刻。

日本大地震時，《海賊王》的作者捐了幾十億日元，他說：「我的幸福是跟世人借的。」也許每個人談及尊嚴之時也應該想想這句話，世界上每個人的幸福都息息相關，畢竟，就算尊嚴再怎麼至高無上，總有一樣東西凌駕於它之上：人情與善念。

說的特權

秦勁風

雖然這麼講可能會有點狹隘，但「說」是人類的特權。語言讓我們走在了生物進化的最尖端，於是我們便順理成章的佔有一份得天獨厚的優勢——然而坐擁這樣一份「說」的特權，是否便意味著我們可以藐視以至凌駕一切？

最近歸真堂活熊取膽流程的曝光蔚為話題：動物保護主義者的痛心疾首對熊下跪自然無可非議，不甘寂寞的專家教授們也忙不迭地為祖國傳統醫藥學說鼓吹辯護——這些跳樑小丑們的聲音裡，以這樣一句最為傳神而喜感：

熊不會說話，所以既然它沒有告訴你，而你又不是熊，那它痛不痛你又怎麼知道？

熊不會說話，所以熊痛不痛沒人知道，所以熊不會感到痛苦，所以活熊取膽之於人類無關一切傷天害理的忌憚。同理被割掉鹿茸的雄鹿不會痛苦，被剝離虎骨的老虎不會痛苦——有理有據而令人信服。

人會說話。於是人可以無可辯駁的掌握至高而唯一的話語權，可以無懈可擊地為自己的卑劣開脫，可以為了與生命本身相比簡直齷齪的某種原始崇拜將其它生命視為無物——可以嗎？子非魚安知魚之樂的辯術被別有用心之人斷章取義來為這一脈相承的劣跡斑斑粉飾門面，人類悲憫的天性被利慾薰心扼殺而尚能心安理得地大放厥詞，究竟什麼時候我們變成了談笑風生的毒蛇呢？

我們擁有語言，也就擁有了實現無限可能性的力量。能力越大責任越大，我們本應該用交流化解堅冰消除紛爭，甚而面對那些沒有語言能力的生命構建一種不必訴諸語言的關懷與理解，而非憑藉這樣一份壓倒性的優勢去踐踏去淩辱弱者的尊嚴。語言的天賦不應該成為我們恃才放曠的優越感，反而應當成為傳遞平等理念的媒介。

再看歸真堂的活熊取膽，對熊而言，身陷牢籠、「人工造瘻」以及在半清醒狀態下接受自己身體的一部分被奪取的事實……即便如官方所聲明的那樣它們真的可以免受皮肉之苦，然而於精神層面這一切的一切不啻於淩遲。熊不會說話，但它可以真切的感知痛苦；人會說話，倘若我們齊心對這痛苦視而不見，這將是一份無法饒恕的深重罪孽。

我們能說會道，但這並不能抹殺人與動物別無二致的生命本質。毋庸置疑，我們將繼續永遠掌握著「說」的特權，然而我們是選擇如同今天的某些同類一樣用語言的擋箭牌閉目塞聽，為自己的自私自利作注解，還是真的去盡到與自己的能力相稱的責任，是迷途知返抑或一意孤行，全部取決於我們自身。

秦勁風同學的這兩篇文章，都是就當時社會輿論中的熱點話題而展開議論的，我們稱之為「時評」。「時評」文章很容易犯幾種通病：第一，就事論事，不能從具體事情中抽象出一個話題來，就此生發開去；第二，打著辯證的幌子，各打五十大板，舉著中庸的牌子，抹殺自己的立場；第三，人云亦云，拾人牙慧，沒有自己的思考，或不敢有自己的觀點。不好寫。

不好寫，不等於不能寫，不等於寫不好。倘若能極力改變上述三種弊端，就會成就一篇很精彩的文章。

在《尊嚴》裡，秦勁風同學沒有去糾纏事情本身的相關人員，而是將矛頭指向一位電視評論員，來了一句犀利的反問：倘若你就是那位當事母親，你是否願意捨棄自己的尊嚴去換取孩子一條可能得以存在的生命？問得很好。當一個人作為旁觀者事不關己又作為評論者高高在上的時候，很容易對人對事指手畫腳上綱上線。秦勁風同學的思想，其優點就在於「設身處地」。

在《說的特權》一文中，作者更是巧妙地避開「到底痛不痛」的爭論，談起了「說」的話題。他認為，人類之所以將自己凌駕在動物之上，就是因為人類掌握了「說」的話語特權。當「說」不再是一種特權的時候，真正的平等，才會到來。

思考，是一門技術，更是一種膽量。

黃春

有想法，說清楚
——我是怎樣作文的

朱一青

北京四中二〇一二屆，現就讀於香港大學。
老師說我是個勤奮的聽話的乖孩子，我說我自己其實有時候也很喜歡懶懶的樣子，
很喜歡堅持我的個性。也許這都很好吧。

「寫作如何表達自己的思想？」

黃老師的短信發過來的時候，我第一眼看到的是「思想」二字。我覺得這就是在逗我。別的先不說，在高考作文的考場上我向來是典型的屈原、司馬遷類型，要是趕上今年說不定還能加個莫言。這你讓我談什麼思想。而後定睛一看又看到「表達」這個詞，我就有點兒明白了，敢情是覺得我這種沒什麼深厚物質積纍的人，高中寫作文還能時不時僥倖蒙混過閱卷老師的眼睛，一定是背著人修煉了一套秘密小策略。

然而我還真說不出什麼令人耳目一新的方法論。高三時候偷偷發展的一點兒奇技淫巧，那都是被無窮無盡的考試逼出來的，現在自己想起來都特別羞愧，不足為外人道矣。若是非要我說從這三年無數作文中總結出什麼經驗教訓，那就是「說清楚」；而要是能在說清楚的基礎上把自己給感動了，那就更好了。

其實以前老師偶而說我某次作文說得比較清楚，我不怎麼把這話當作表揚。說得清楚還不是因為道理淺顯，道理淺顯還不是因為我這人思想簡單；因此說我說得清楚豈不就是說我思想簡單。直到後來有那麼兩三次沒說清楚，然後老師指著我的作文告訴我你這這這都說不清楚的時候，我才深刻地意識到說清楚不代表淺顯單薄，

不清楚也絕對不是高深莫測或含蓄委婉。平時寫東西自娛自樂，還能嘗試一下餘音繞梁意猶未盡之美，真正寫給人家看的時候，若不是特有把握，最好還是先保證說得明白。高考的時候我有一段寫我姥爺他們開發油田的事，那個我以前自個兒也寫過，自己寫的時候就是描寫一下狗尾巴草中的抽油機、夜幕中的煉油廠，最後一句話還黃河滾滾流去什麼的，試圖營造一種人力跟自然相對比的悲壯氣氛然後讓讀者自己琢磨；高考的時候不敢了，怕老師沒琢磨出來給我判一離題；於是段末又抒個情點明了一下上文一堆描寫是要幹麼。

說白了，「說清楚」不過是個技術上的問題。收到黃老師這個題目後我憂傷了許久，因為我感覺自己不僅不會引經據典地談「思想」，也不善於開一個技術帖專門論述「如何表達思想」。然後有一天早上我在學校食堂吃飯，正在為這個問題憂傷，突然前兩日來演講的舒婷攜著她丈夫從我旁邊走過。我感到這也許是上天賜予我解決這個問題的良機。於是我趁著她簽名之機就問了她這個問題。她說，這個問題很大，要根據每個人不同的寫作習慣和寫作風格進行訓練。雖然她的回答特別簡短，但我也算是體會到了她主要的意思。第一，這事兒可以訓練；第二，每個人訓練出來都不相同。寫作之中能訓練的問題都不算問題；訓練的方法可以自己摸索嘛。

但是我又覺得舒婷這話說得不是特別全面；鑒於她是寫朦朧詩的，我估計她更多的是想告訴我表達的風格和手段可以訓練。然而表達的手段背後，還有自己的思想。

回憶我高中寫過的東西，無非是無窮無盡的考場作文，幾篇類似於散文的東西和一篇報告文學。這其中要說什麼東西有特別表現「思想」的地方，那也是在自己底下寫的小文章和那篇報告文學中；原因很簡單，有時間思考，又沒有限制；於是有漫長的時間和足夠的空間去形成自己的觀點，然後表達出來。然而，要是有了時間和空間的限制，一方面當然是限制了這思想的廣度和深度；另一方面，我覺得也恰好能看出這想法中的真誠程度。在有限的創作時間內，最有力的表達往往來源於最觸動作者內心的想法。記得高三時候，在漫天遍地的素材和五花八門的技巧狂轟濫炸之時，黃老師仍然總是強調一點——要寫「有我之文」。我特別特別相信這句話。於是我從寫項羽如何英明神武舉世無雙，變成寫自己如何被項羽在烏江畔的一個「笑曰」觸動；從寫感動中國十大人物的高尚品德，轉而寫我跟爸爸散步時，喝了點兒酒的他對我說自己沒什麼遠大追求只是看到我奶奶開心就很滿足；從寫老計們的無私奉獻，寫到我家鄉油田的那些開拓者同時也是我的親人們，寫那些我從小看慣的景色和從小就明白的他們人生的艱辛。偶而有那麼一兩瞬，寫到某個特殊的句子或詞語時，我會在一片寂靜——大家都在奮筆疾書的考場上感動得一塌糊塗。然後我知道這作文無論得多少分，我都成功了。

但是我轉念一想，這畢竟只能代表我個人的思想，或許我這個人思想比較狹隘，容易被自己那點事兒感動；而其它的人就以天下蒼生為己任，無盡的遠方無窮的人們都與己有關呢！

於是我深更半夜群發微信給我認識的各種牛人，北大自招考爆的文科狀元，劍橋計劃的理科狀元，高考作文滿分的文藝青年，頗有思想與個性的有才小男生。當我問他們「如何表達自己思想」的時候，答案五花八門，正在寫文學論文的文藝青年說從小事起鋪開慢慢深入或道理打頭拿生活套現；第二天要考英語小組討論的理科狀元說要凡事抱著均有兩面甚至多面的觀點寫作時一定不要咬死了一個方面；小男生說我的微信頭像實在太搞笑打斷了他的思路。然而當我再細細追問下去，文藝青年說著眼點還得是生活，理科狀元說他高中寫過最舒服的是他的日記，小男生給我看了他高中時候的作文，其中蘇軾王羲之的書法普利策獎的照片倒是縱貫古今，然而他學書法，自己說自己小時候看到漢字之美會落淚。最有意思的是那個文科狀元，第一次問她時，她跟我說，通過綜合使用幾種表達方式，細節描寫主旨明確開門見山首尾呼應……然後我問她寫過的最好的考場作文是什麼，她說是自招的作文，寫她媽給她做的番茄和她爸做的芝麻糊，是一篇記敘文。於是我又問她是不是自己都被自己感動了，她說，當時把自己寫哭了……感覺那次是她拿過的考場作文最高分。

寫到這裡突然覺得這個「有我」也不僅僅是「我」的生活和經歷，萬事萬物都可以「有我」，只是需要自己的角度；感動自己也不一定要當場把自己寫到淚流滿面，只要是有自己感觸的思想，總能找到一種好的表達方式，總能引起共鳴。

到這裡其實我已經把想說的都說完了。後頭看了看，不過是講了兩件事，說清楚和把自己感動。但是如何用自己的思想寫作這個問題好像還是沒有解決。然而轉念一想，這個問題舒婷都答不出個所以然來，我能寫這麼多字而且感覺上還比較真誠，自己都已經很感動了。

何需下跪

朱一青

古人講究下跪——就像有人說的，跪天，跪地，跪父母。在我的印象中，一個標準的古代孝子，似乎都是以「跪」的姿態出現的：堂下跪拜，床前奉匜，或者跪受家法。但是，跪下去的，一定是孝子嗎？

我們是見過跪拜父母的孝子的，但是我們也見過奴顏婢膝的官僚；我們是見過跪在床前奉湯侍藥的兒女，但是我們也見過小人們跪在當權者面前磕頭求饒——對我們來說，「跪」這個字，並不那麼單純。它代表著謙卑恭敬，代表著真誠尊重，代表著聖人教化，代表著孔孟之道，但同樣代表著諂媚逢迎和尊嚴的淪喪。我們，已經很難將它和孝敬父母簡簡單單地聯繫起來了。

於是我們不禁要問：為何非要用這樣一個有太多複雜含義的行為，來培養孝敬父母這樣一個本該神聖、純淨和發自內心的情感？難道孝敬不該是在成長過程中緩慢而深厚的積澱，而是在儀式上被「要求」的一跪而喚醒的短暫的衝動？

我並非反對向父母下跪。我見過有子女充滿著或感激或歉疚的深情，向著養育他們的父母緩緩地雙膝著地。但是，這樣的下跪，是出於激蕩的情感，無法自已，更無須來自誰的要求，自然而然；這樣的下跪，能夠讓即便不相干的旁觀者，潸然淚下。而我並不認為，「青年禮」上的一跪，是出於如此深厚的感情。

孝敬是一種最深沉和持久的愛，是我們，對於陪伴和扶持自己最長時間，為我們付出一切的人們根植於心的眷戀和依賴；是當父母漸漸衰老時，能夠為他們遮風擋雨的擔當和滿足。我的爸爸長年在外奔波，從一個農村的窮小子到闖出一份事業。那天他喝了些酒，跟我在外散步，他說帶奶奶回老家時，村裡人都羡慕地說我奶奶有福；他說只要能這樣，他在外承受再多的壓力也很快樂。

我應著，心裡卻想，其實我跟您一樣，等您老了，我也帶您回老家，讓人人都羡慕您有個好女兒。我從未見過我爸爸曾經怎樣地跪在他母親面前——哪怕只是聽說過，都沒有。但我知道，爸爸是個孝子。我希望也相信我自己也能夠成為一個孝子，儘管我不知道當有人要求我在某個儀式上向父母跪下的時候，我是否真能跪得下去。

只求心安

朱一青

古代某賢士，面對深夜送上門來的賄金，說，天知地知你知我知，怎麼能說沒人知道呢？你還是回去吧。

正是月黑風高的時辰，白日的喧鬧和探尋的目光都在夜裡沉寂。此時一箱流光溢彩的黃金擺在面前，加之行賄者「深夜無人知」的誘導，我想，這一定是個考驗意志的時刻吧。然而先賢說，天知，地知，你知，我知，那一瞬，我覺得整個夜空，都被這頂天立地的人格照亮了。

細細回味這八個字，一個「我知」，給予了它們最強有力的結尾——所謂，擲地有聲。這是一個文人對純潔靈魂的堅守，是一個生活在世俗中，沉浮在官場裡的人，對無愧的內心的執著。憑著這份潔身自好，我相信，他是挺直了腰板走在仕途上的，他也是帶著安寧穿梭在名利紛擾之間的。而這種光明磊落的快樂，正是無數行賄受賄、欲壑難填的官僚，無法從萬貫家財中取得的。

很多時候，我們總是會奇怪為何大多數身居高位的人看起來陰沉沉的，一點兒也沒有我們想像中的安逸和滿足。我想，或許是他們的整個人生，都陷入了對利益的無盡的追逐，但在爭名逐利中喪失了純潔的靈魂吧。其實，這也許和小時候我們背著父母買小零食有相通之處——看上去我們獲得了想要的，但這個過程中的忐忑和羞愧，早將零食的味道消磨得所剩無幾。問心有愧的得利，反而會成為心靈的負擔乃至枷鎖。

「上帝」或許更多地來自內心，我們自己有時就是自己的上帝，對我們的所作所為一清二楚，據此對我們自己作出評判。材料中偷偷溜走的諸君們，我想，總不會覺得這不勞而獲的蔬菜比平時任何時候都來得鮮美吧——用時令蔬菜這種蠅頭小利換自己心裡一個比蔬菜保質期長得多的陰影，值得嗎？

我一直很欽佩中國歷史上那些剛直有節操的文人們，在他們的一生中，或許一貧如洗，或許屢試不中，又或許顛沛流離，但這些苦楚，似乎都比不上如玉美名、如竹氣節帶給他們的寧靜和快樂。而今天，沒有這些苦楚，卻為這些小利放棄心靈的寧靜，不是令人尤為奇怪的嗎？

就像古人曾說過的，做人做事，應只求心安。

如果你自覺不是一個思想者，那麼，你就努力地將自己的想法，清晰地表達出來，也會是很好的文章。

〈何需下跪〉一文中，我最欣賞兩點：其一，對有人真情下跪表示理解與敬意，但更旗幟鮮明地主張「未必要跪」；思考得很周全，不偏激，也不妥協，觀點清楚，態度分明。其二，用自己父親的孝子形象來輔證自己的觀點；自己親眼所見，親身感受，這是很有說服力的。另外，還喜歡文中的兩個句子：「等您老了，我也帶您回老家，讓人人都羨慕您有個好女兒。」「我希望也相信我自己也能夠成為一個孝子，儘管我不知道當有人要求我在某個儀式上向父母跪下的時候，我是否真能跪得下去。」〈只求心安〉一文：「用時令蔬菜這種蠅頭小利換自己心裡一個比蔬菜保質期長得多的陰影，值得嗎？」這句話寫得太好了，生動形象地描述出了「不能慎獨」者內心的糾結，也清晰地表達出了作者的觀點態度。

表達清楚，這事兒不容易的。看似語言問題，其實還是思想的問題。只有想好了，才能表達好。

黃春

寫一篇有營養的文章
——我是怎樣作文的

梁鶴也

北京四中二〇一二屆，現就讀於北京大學。
好奇萬般事物大腦隨地球不停轉動卻歎終不得解，
喜愛文字佯裝文藝身體亦隨地球不停轉動卻感力不從心，
然尚肯執著努力的小女子一枚。

記得我剛上高中時曾在寫作上渡過了一個非常艱難的時期。那時往往卡住我的不是怎樣寫，而是不知道該寫些什麼，即使已規定好題目。「這個題目想闡明的道理是顯而易見的呀？為什麼還要我再費盡心思、好像故作聰明地闡釋一番呢？如果是我，我會花時間和精力去讀一篇我早認識到其中內涵的文章嗎？」這些顧慮讓我難以動筆。於是我傻乎乎地問了我們語文老師第一個問題：「我們為什麼要寫作文？」

這個情節一直讓我印象深刻，那時老師回答：「文章或發人深省，或表明立場，或堅定信念。」在以後的寫作中，我首先會拿這樣的標準來衡量自己的文章：這篇文章對自我和讀者的價值在哪裡？我是不是只是一個批量生產的寫作機器，換成別人也能勞作出一模一樣的文章？經過這樣的考量，我便能根據自己每次思考的品質大致估出作文的優劣了。

那麼怎樣才能寫出一篇有營養的文章呢？這就需要我們落筆前有充足的思考。有時候題目會麻痺我們的思考過程。比如舉一個最「俗」的命題作文——「失敗是成功之母」，不少同學拿到它的第一反應可能就是要極力找出符合條件的例子來證明失敗可以導致成功，用爛的有愛迪生和臥薪嚐膽，再脫俗一點兒的可能是肯德基創始人推銷炸雞秘方……下一步便是無窮無盡地壘例子，結尾總結：由此可見，失敗真的是成功之母啊！可是你細細想，失敗和成功真的有這樣的邏輯關係嗎？所有的失敗都能導致成功嗎？顯然不是。這說明其實成功也是有條件的，需要你矢志不渝的信念和堅忍不拔的毅力。光有毅力和信念夠不夠呢？如果肯德基的炸雞味道的確很糟糕，上校卻堅定不移地一家一家推銷，恐怕他跑遍全世界也是徒勞。這又說明，進行反思和改進也是通往成功的先決條件。這樣進行一步步思考就可以發現，其實題目看似讓我們寫失敗和成功的關係，核心卻是我們對待失敗的態度。

所有的作文題目都值得你作出這樣的思考。我在高中最美好的回憶之一便是，每次語文考試後為了放鬆頭腦投入下一輪的復習，我和一個十分要好的朋友在四中校園裡一圈一圈散步，聊的就是剛剛考試的作文題目。我們會各自講自己的思路和舉的例子。很多時候我們的意見並不一致，便會引來一路的爭論不休；我們的寫作思路也往往不同，這時候她便會興致勃勃地講起如果按照我的思路，她會寫出一篇怎樣獨特的文章，舉什麼樣的例子作怎樣的分析……毫不誇張地說，每次散步我都能得到滿滿的收穫！這些收穫有寫作技巧方面的，但更多的是我對問題的認識更加深刻了！而這些都是由一個小小的作文題目引發的。所以，永遠不要嫌棄題目讓你沒話可寫。如果你下筆困難，那一定是你作的思考還不夠！

卡夫卡曾這樣談寫作：「寫作就是把自己心中的一切都敞開，直到不能再敞開為止。寫作也就是絕對的坦白，沒有絲毫的隱瞞，也就是把整個身心都貫注在裡面。」只有把「我」融入文章，文章才有營養，才為讀者所喜歡。

看到儀式背後的意義

梁鶴也

昨日在外面吃飯時，看到一個五六歲的男孩兒緊跟著母親，拽著衣角的手始終不肯鬆開，內心突然湧動起一種陌生而又熟悉的溫暖感。一下想起小時候和小朋友比著賽唱一首歌：「我的好媽媽下班回到家，勞動了一天多麼辛苦啊！媽媽媽媽快坐下，請喝一杯茶。讓我親親你吧，我的好媽媽。」把歌詞全都寫在了這裡，實在哪句也不忍割捨。那時天天回家給媽媽唱這首歌，那種時光讓人懷念。我依然那樣愛母親，可是，大了卻羞於表達了。那一刻，我問自己，你是孝子嗎？我堅信我是的。可是我的孝舉卻顯得少得可憐了。

我懷念表達孝心的品質。雖然孩提時能做的不過是端上一杯茶，摟著爸媽的脖子唱這樣一首歌，我現在也不可能再如當初一樣，向他們撒嬌，我卻那樣深深地懷念，當初在課堂上聽老師們的教導後回去認認真真地給爸媽打水洗腳。長大了總是想得太多，獨立得過了頭，忘記了曾經的「乖」。所以，我懷念。

北大前幾個月剛剛發佈了新的自主招生政策。「孝敬父母」被放在了「志向」「能力」諸多條目間。也有人質疑，我也明白，即使把「孝敬父母」列在首條，對北大的自招，是不會因為這條約束而減少任何人的。但是我仍然欣賞北大的做法，作為國內的頂尖大學，這事最起碼表明了一種態度，能引起學生們的重視與反思。而端正態度是一切行動的首位。教育的影響是潛移默化的，就像我們每個人都會背「人之初，性本善」一樣，起初的熟記不過停留在字面或者是為了應付老師家長的督促。可是你是否有過這樣的體會？當走向社會時，逐漸遇到種種汙穢，那句「人之初，性本善」讓你為一個人的一個善舉而對前進的路充滿希望，讓你有了加入他人來改變這一切的勇氣和信心；當你面對別人這樣那樣的傷害，那句「人之初，性本善」告訴你他並不真想傷害你，他是被迫的，而你最終選擇了寬容。

青年禮上的「跪父母，接家書」也如此吧。我想，它僅僅是一個方式，而目的在於喚起學生們的孝心。我們的目光不應該局限於這項儀式本身，爭論不應該停留在是否應該舉行這樣的儀式。作為學校，在這個儀式之前對孝的教育比這個儀式要重要得多，而如果學生真有這份孝心，他們就絕不會去抱怨儀式的繁瑣，絕不會視之如兒戲，而且就算被迫跪下，並不能體會其中的深意，那也必會對以後的人生產生潛移默化的影響。跪下，不失表達孝的方式。但是如果我們端正了自己的態度，那麼任何儀式，不論形式，都會認真對待。而這一點，是我們在今後的人生路上不致失去最初的美好的品質所不可或缺的吧。

在是否要跪父母的話題上，很少有人敢斬釘截鐵地支持的。梁鶴也同學說，倘若是為了教育，跪了，總是好的。是為「儀式背後的意義」。

作者聯想到了北京大學自主招生條件中的首條：孝敬父母。她認為：一個人是否孝敬父母，著實不是考試面試等手段能夠檢測出來的，所以此條標準形同虛設。（一個中學生，真是洞若觀火呀）但是，她也清楚地知道，北大的做法，不是真要「具體實施」，其真正意義在於開始了一種導向，「最起碼表明了一種態度」。據我所知，很多社會評論家當時紛紛對北大此舉進行各種吐槽。我希望他們讀一讀梁鶴也的這篇文章，學會思考。

當跪成為一種儀式，請問儀式有意義嗎？當然有。人的某些心靈品質，不就是通過很多外在的儀式，逐步深入內心的嗎？

想起軍訓的時候，一個男生問我：「老師，誰在戰場正步走啊，這不是折騰人玩嗎？」我不懂軍事，但我知道，這位同學就不懂得儀式的意義。

黃春

誠　之
——我是怎樣作文的

田九七

北京四中二〇一三屆，現考取北京大學。

以繼承和弘揚儒學為己任，在傳統文化中浸潤靈魂。不封閉，不排他，眼光也能觸及西方的新舊思潮。喜歡寫小說，用樸實的文字造出深沉的情境；喜歡寫散文，用優雅的詞句展現思辨的魅力。願我的獲諾貝爾文學獎的夢想，指引我不斷提升生命的品質。

誠者，天之道。

誠之者，人之道。

我沒有玄想的天資，我只有真誠。

真誠，就意味著全力以赴，不是用腦，而是用心，用心統攝腦。歷史的巨斧是無情的，所有憑藉機智與賣弄捏造出的思想都已經或注定灰飛煙滅，而真正的智慧如日月高懸，黑雲與鐵幕都遮不住它們的光輝。

我們還未成聖賢，但我們應當也必須思考。這個思考不必非參日月旁宇宙，但起碼應當是真誠的，不然不可能有品質，對自己的人格也是一種褻瀆。

靜而後能安，安而後能慮。慮的本意是處事精詳，編織我們的思維也需要精微縝密。慮的前提是靜，是安。靜者，心不妄動。安者，所處而安。讓放浪在外的心回到腔子裡，回歸寧靜，而寧靜中有力量。

在什麼時候人心最在腔子裡？如臨深淵，如履薄冰時。人在面臨死亡時，最容易直面自己的心靈。有形而上的信仰的人比較容易把心收回來，體察到永恆絕對無限超越才明白什麼是真正的誠敬，誠敬使人心澄淨。但當今國人最缺乏的就是誠敬，輕慢與賣弄近百年來已經成為了傳統，根源在於拋棄了信仰。

我個人感覺儒門的信仰對我個人思維層次的提高作用是最大的。自高一以來我一直堅持早晨按照讀經法誦讀《論語》、《大學》，這實質上已經屬於儒門心性工夫的範疇。心性修養工夫首先讓我內心得到清明，我無論面對一個文學的、哲學的還是數學的問題，都能看到這些問題的絲絲節理，解決起來，自然有一種庖丁解牛、遊刃於肯綮之間的從容；最重要的是，在心性工夫中我逐漸開啟了對形而上的認識，我往往可以從超越的高度來認識事物。另外，因為時時感覺道不遠人，且有一種達觀的態度，因此我在面對波瀾時能夠有勇氣祛除驚慌，使內心盡快安定，再選擇解決問題的最佳方案。

解決問題的最佳方案，其實正是最真誠的方案。舉語文作文為例，作文根本不必考慮那些構思技巧，最重要的是懷著誠意把題目讀完，讀完後內心自然會有思考，然後把自己怎樣認識這個問題的過程記錄下來，組織好語言即可。

季文子三思而後行，子曰：「再，斯可矣。」為什麼儒門說想兩遍即可？因為猶豫太多，私心便起，私心一起，就失卻了生命那種元氣淋漓、樸拙大方的氣度，代之以雕琢與輕薄，自然不成氣候。青年人的內心尚且純淨，思想中自然有活潑潑的生命力在，且讓自己的生氣脫落開來，不愁做不成文章。

當然，真正真誠的人不會指望單單靠一時的至誠之心來調動思想解決問題，而是靠長期的積累與付出。「思而不學則殆。」因此真誠不僅在解決問題的時候要有，在求學與讀書的過程中也要有。

熊十力先生曾嚴厲批評徐復觀「只看書壞處，不看書好處，讀千百部而無長進」，當時聲色俱厲，罵得他狼狽不堪。而徐復觀多年後談及這一罵，卻說是「起死回生」的一罵，因為他在之前憑自己的一點小聰明，讀書只知道批評，因而感覺無書可讀，不能潛心而走入學問之門，這一罵使他如夢初醒。

熊先生講書中皆有好的部分也有壞的部分，著眼於好的部分，最後再找問題，才能於自身有所幫助。這對我們教義頗深。一個人能虛心，以一個學習的態度去閱讀，去聆聽老師的教誨，就是學習中的真誠。最終學問好壞，往往並不在於一個人的腦力與知識基礎，而是一分誠意一分收穫。懷著誠意習得的知識，更重要的——做人的道理、安身立命的學問，可以長久地受用。

我任國學社社長時，與許多同學打過交道，其中包括一些對儒學反感的。

我最大的感覺就是這些同學的反感並無根據，是一種誤解，誤解來源於不了解，而不了解往往來源於不肯了解，不肯了解正是缺乏學習精神與理性精神造成的。這不能不說是一種遺憾。

無論是學儒學這類的心性之學，還是了解某一知識、某一技能，虛心踏實、誠心受教都是獲得好處的必要條件與快捷方式。真誠地沉浸其中，可以獲得最大的信息量，而足夠的信息量是作出理性判斷的前提。知善知惡即良知，良知人人都有，我們的同學一定可以作出公允的判斷而排除不良因素的影響。在這之後，有了形而上的修養，又有了形而下的知識，視野開闊了，思想自然就有，不假外求。

思想之路很平坦，也很艱辛，就如同面對自我的道路。在這條道路旁，有一座古老的方向標，上面寫著：誠之。鼓起勇氣，循道而行，自然無愧於心。

栗樹下的被縛者

田九七

在我最深的夢裡，有一棵風雨中的栗樹，栗樹下有一個被縛的老者，頭髮蒼白，或許已經死去多時。他說著人們聽不懂的語言，訴說著一個個遙遠的秘密。

他的名字，叫作何塞・阿卡迪奧・布恩迪亞。他是一個思想者。他是一個孤獨的人。他唱的，是一曲思想的悲歌。

「四體不勤，五穀不分，何以謂之聖人？」在春秋末年黑暗的大地上，一個曾經讀過許多書的隱者感歎道。在這個分崩離析的時代，惶惶然若喪家之犬的是懷著大道的聖人，如沐春風如享太牢的是王子皇孫。唱著「泰山壞乎，哲人萎乎」的孔子是否曾渴盼，讓他多承受些亂世的苦水，讓文化的火種能光照天宇，可「茫茫者天下皆是也」的下一句應該是「悠悠者萬古皆然也」。

聖人被褐懷玉，但更多時候，他們的短褐下只有一顆苦難的心。救世的彌賽亞被自己的門徒出賣，因為他的愛不值三十個銀元；奔走列國，渴盼著兼濟天下的孟子，卻一次次困拘梁齊，因為他的仁義比不上血染的土地。

梵古在他畫布的世界中創造了燦爛的星空，金黃的原野，他在其中傾注了他全部的思想和情懷，可人們更願意去巴黎看美人，誰知道那一點點在夜空中燃燒的是一顆詩人的心？我在天氣澄明的夜裡誦著一首古老的詩，可人們只能聽出我念了一個錯別字，我只有一顆心。心是不值錢的，但卻是我的全部。

文化的香火總是細細地燃燒，在幽微處相承著。在深山老林的白鹿洞書院裡，陸九淵談義利之辨，他的聲音太小了。他外面的世界裡，天下熙熙皆為利來，天下攘攘皆為利往，一個義士捨生取義，一個哲人為了思想在烈火中燃燒，對他們來說不過是茶餘的笑料。

然而在他們的笑聲裡，我聽見了一個長者遙遠的悲歌，這也是一首戰歌，「下士聞道，大笑之，不笑不足以為道」。在市場中央的刑臺，不僅有老百姓的嘈雜與菜葉瓜梗，我隱約聽得到一點點的琴聲，我知道那太微弱了，但其中定然有著值得讓一代代嵇康、一代代布魯諾為之死去的力量，你可以叫它一文不值或無價的思想，我更願意叫它栗樹下被縛者的悲歌。

它迴蕩在天地間，我的夢裡。

你如果見過田九七同學，你就能因相信他的桀驁從而相信他的思想。你當然未必能見到他，那麼，你讀一讀本文，也就同樣能夠相信。

這就是思想的力量。老師和同學都很喜歡他，就是因為這個。

他的文章裡，有《百年孤獨》有《聖經》，有孔子有孟子，有嵇康有陸九淵，有梵古有布魯諾；更重要的是，有他自己的思想：被縛者的悲歌。

田九七同學是個國學愛好者，他每天清晨，會在校園的一棵老槐樹前的空草地上，雙手捧著古今經典，一字一字地誦讀。身旁有匆匆而過的同學，有照例升起的太陽。他會汲取，他也會質疑，他還會激濁揚清。

思想，就是這麼來的。有思想的文章，就是這麼造就的。

黃春

師自心始

佘經緯

北京四中二〇一二屆，現就讀於美國西北大學。

回看原來寫的文章，真是啞然失笑；回望高中生活，更是感慨良多。
我想，文學與生活的共同好處就在於：當我們身在其中時，
每每在當下的體驗中獲得快樂；而在時間的積纍之後，
它們往往帶來對於人自身的質變，砥礪思想，雕琢性格。

世間萬物，很多可以讓我以之為師。無事時彈彈鋼琴，仔細聆聽木鍵擊打的聲音；和父親對弈幾局，從黑白執子中學些眼光與氣概；翻開書本，從前人的智慧中汲取知識或是信念。這些都讓我心有所悟。

當然，「從師悟道」也非簡單。當初學琴，只會用僵硬的手指按著琴鍵。學著老師的樣子，卻只能奏出毛躁的音符；對弈，只懂照譜擺局，和人對弈便手足無措；讀書則更甚，有時大聲念著，心中卻對文字的涵義一無所察。真正「從師」是需假以時日，真心投入的。

有幸拜見南懷瑾先生，在他的學堂中上了一節茶道課。「品茶的最高境界在於悟茶，以茶為師，慢慢體悟它的全部……」我學著用桌上各樣的茶具，摹著樣子去倒水三分，去醒茶、嗅茶、觀茶。那茶確是好茶，熱氣與香氣迷人，青翠欲滴的葉上沾了水實在好看。可當我仰頸要品那茶時，嘴中卻是一片苦澀，如黃連在口，礙於顏面又要故作無事。這時，先生走過來，倒出一點我的茶來品，良久說道：「你泡的茶，我給你滿分。但悟茶之道，在於心中，切記。」我作了謝禮，心中一片失落。畢竟，在悟茶，我失敗了。煮茶的技藝相之於真正從茶中學到、悟到些什麼，可是差得很遠。

說來也巧，後來一次讀書，中途突來逸興泡茶。煮茶的禮數，我可早忘了大半。只能用家中的粗瓷，做些品茶的步驟。其茶名曰「君子劍」，而那書，很應景的是《刺客列傳》。讀到一半處去尋茶，只見茶葉如根根利劍一般半懸於水中。也顧不得作水醒茶，我便隨性地自行「品」起茶來。這茶自不抵上次那青茶，可古樸的顏色卻如壯士拂袖，穩重而灑脫。入口，一股蒼涼之感。專諸、荊軻出行前，大抵也是這種感受吧！君子坦蕩蕩，雖千萬人吾往矣！風蕭蕭兮易水寒，壯士一去兮不復還！這茶，君子劍，真被我品在了心中。

於是我說，世間萬物皆可為師，而從師之道乃在心中。形意的模仿極易，就像我擺棋譜那樣，那卻只從師於形式。真正從師於事物的本源，還需內心有一點熱愛，一點真誠，一點感激，甚至一份敬畏。

每個人都需要學習，無論是從人身上，還是從其它事物那裡。當然，從師重要，而學會從師更為重要。師自心始，只有當一個人心中有師，才可能真正學到些什麼。

讀到佘經緯同學的這篇文章的時候，我剛剛從南懷瑾先生的太湖大學堂修學結業回來。沒想到我的學生也是南老師的弟子，這麼一來，我和他就成了師兄弟了。

很多人願意採用類似本文第三段這樣的故事，來表達自己的某種改變和頓悟。然而，語重心長也好，疾風驟雨也罷，讀來都顯得有些虛假。記得有時候禁不住去問學生，得到的回答往往是「我編的」。這是最要命的弊端啊！

佘經緯同學的茶道課，肯定不是編的。儘管我並未親見，但我印象中的南老師，的確是這樣上課的：「先生走過來，倒出一點我的茶來品，良久說道：『你泡的茶，我給你滿分。但悟茶之道，在於心中，切記。』」我也相信，佘經緯同學「後來一次讀書，中途突來逸興泡茶」的故事，也是真的。因為我印象中的這位學生，的確是可能會有這樣的茶興的。

有真實的經歷和體驗，才會有真實的感悟和思考。

萬萬不可編造。

黃春

用心看

郭元方

北京四中二〇一二屆，現就讀於香港大學。
現處於寫實路線、踏實做人中！心理學專業學長，願意當知心大叔！

僧問趙州：「如何是道？」

趙州：「庭前柏樹子。」

古佛隨口一句，被人津津樂道已有千年。

在趙州明眼裡，四顧無物不是「道」的體現。

在我旁人眼裡，趙州修的不是明眼，只是明心。用心看，世上本無所謂道，紅塵人生再坎坷，風雨奈何，不過也無風雨也無晴。

用眼看已是我們的思維定勢：「眺瞰俯仰，無不是看。」聽起瀟灑，哪樣不用眼呢！於是便有了錯覺遊戲和幻象魔術，提醒我們不能總信眼睛，也要時常換個角度，多用腦子，手鼻耳也應並用起來，然而終究又抵不過權術一本書。

人生一張網，掙不脫，越掙越緊。

旁人眼裡，嗔人掙不脫之人生，只是掙不脫之濁眼。瞪大了眼睛，在相互欺騙算計的黑暗中摸索，摸索，卻看不見，瞪大眼睛，卻盲了目。用心看，放下才是人生。

還記得前兩天看到《講述・印象》中的死面具，那雕塑家，那濁濁的眼，眼裡映著天使的臉，雕著卻是心映著的魔鬼；用眼映，天使面相也同死面具。

歎息之餘便是悲哀，人啊，莫歎生活如網困難掙，何不先省先救救，被眼耳口鼻腦綁架了的心呢！嗟兮，生活不糾結，貧困失意也非難非困，喊，喊，心卻睜也不睜。

生活，

網。

這還不是最短的詩，這言語依舊冗然。

心，

網。

真誠，細膩。讓這亮點敲醒心的沉寂，打破人生的悲哀，用心看吧，一切都將明朗；放下，才拾得人生的五彩。

回念又想，這便正是大氣與人文了。

寫得這麼有禪味兒，真是太不容易了。郭元方同學本身就是一個帶著禪意的少年，不論是他的思考，還是他的表達。這麼想來，本文的誕生，也就在情理之中了。

一般人說「用心」，基本上就是在強調「專注」，強調「深入」，強調「注情」而已。可郭元方同學在本文中所謂的「用心」，卻意指「放下」。他說：「用心看，放下才是人生。」這種想法，是需要高度的，是需要智慧的。

這裡還得提一下《講述・印象》。這不是什麼經典著作，這是我們學校老師為拓展學生的閱讀而自編的一本文集（很小很簡陋的一本冊子）。郭同學這麼隆重引用，估計矇騙了不少讀者。此事不提，我想說的是，郭元方同學能夠如此認真地閱讀老師推薦的文章，並能如此認真地有著自己的記憶和思考，真是讓人敬佩與感動。

想來，也只有這樣認真的閱讀，才能誕生這樣認真的思想吧！

黃春

強制的必要性

童緣

北京四中二〇一二屆，現就讀於英國曼徹斯特大學。
高中入學本是人文實驗班一員，後因個人興趣轉投理科班。
一直致力於成為擁有人文氣質的理科女，
並在追求平衡算數公式與文藝範兒的路上快樂前行。

那位在機場刺母的大學生最終還是獲刑了。事情鬧得很大，但原因卻再簡單不過：他向母親要錢，而母親說沒有。這起流血事件值得我們深思。暫且不說孝敬母親，就連基本的尊重母親，那位大學生都沒有做到。在他眼中，母親不是「母親」，而是「搖錢樹」。這反映了當前社會中的一個很嚴重的問題，隨著禮教的慢慢消失，年輕的一代在對待父母時過於開放，甚至將「孝」與「尊重」都一起扔掉了。

古語有云：百善孝為先。「孝」，是為人子女的基本準則，這正如同「德」是做人的基本準則一樣。

為了讓年輕的一代重拾「孝」字，有些措施是必要的。舉辦青年禮，要求學生「跪父母，接家書」，抑或是開設培訓課，量產孝子，都沒有錯。也許有人會說，跪下去的孩子未必誠信，量產出的孝子未必貨真價實，但是，如果不強制學生向父母下跪，上孝的培訓課，那在如今這個時代，又該怎麼喚醒孩子們的孝心呢？對於自我，頑固的新生代們，先不說曉之以理、動之以情地向他們宣講孝的重要性是否有效，就算當時有了些成效又當如何去維持呢？沒有哪個習慣是三天兩頭做，久而久之就養成了的，必定都是經過一段時間的連續重複才能養成的。對於沒有經過古板「禮教」的我們來說，也許這種強制的方法能夠引起我們對孝的重視，並喚醒我們的孝心。

相比於喚醒孝心，重拾正在逐漸被人遺忘的國學也是同樣的道理。

國學經典，是中華文化幾千年來的精髓，但且看如今，中國人的國學修養卻遠不及鄰邦日本與韓國。在日本，學生從小學開始就有毛筆字課，並且還會學習中國的國學經典，韓國亦是如此。反觀中國，很少有人知道並了解那些國粹。前一陣子，國學熱鬧得沸沸揚揚的時候很多人站出來批評，說那些熱衷於任何舉辦讀寫國學經典的人「假」。如果讓我說，假是有可能，但不管做的人內心想法如何，他終歸是更深入地會接觸這些古籍。假設中國的學校也強制學生學習一些國學經典，也許我們的文化便能被更多地保留下來。

對於這些經典文化和做人準則的教導，強制是必要的，至少在現在這個社會是必要的。你可以把它理解為強迫，那就是強迫你去接觸那些現在生活很少提及但其實應該具備的東西；你也可以把它理解成引子，那就是由強制變為習慣。希望所有人都能理解這種強制的必要性。

當大多數同學在打著民主自由或是務實求實的旗號，大張旗鼓地批評「形式主義」的時候，童緣同學卻說「強制的必要性」：「如果不強制學生向父母下跪，那在如今這個時代，又該怎麼喚醒孩子們的孝心呢？」比起主張「言傳身教」、「與時俱進」的論調來，我以為童緣同學的「強制教育論」，來得更實際，更符合時代的要求。如果你去探究一下漢字的形與義，你就會發現，「教」、「育」二字，本身就帶有著強烈的「強制」色彩，甚至是「暴力」色彩。如果你見過農人育苗育秧，你就更明白了（我在想，如果童緣同學也能從漢字本身的角度去談談這個問題，那就更有意思了）。

黃春

一路好風景

黃舫淥

北京四中二〇一三屆，現考取北京大學。
這個世界上沒有兩片一模一樣的葉子，當然你更找不出和我一模一樣的名字。
「舫舟翩翩，流水潺淥」，頭尾相連即「舫淥」。我感情豐富，看電影可以比片裡的人哭得更傷心。一條短命的金魚，一隻瘸腿的小狗，都會讓我的同情心氾濫。
我立志做一名悲天憫人的詩人，於是結下一段不滅的文字情緣。

從呱呱墜地的那一刻起，我們就成了纖米筆下手提行李箱的孩子，走過一路的原野，讓星光在身後投下長長的影子，讓成長的足跡清清晰晰地印在走過的路上。

這一路，我們怎能忽視每一瞬的風景。

許多人生下來好像就在為遠方的一個特定的終點不知疲倦地趕路，四季的更替在他眼中無關痛癢。朝暉夕陽溫度的差異無關輕重，人生似乎就在於終點的一個大大的絢爛無比的驚歎中，匆匆草草了結。好比古人所說的豹尾，短暫的亮相背後是暗無邊際的空洞。

我不禁為這種生命形式惋惜，把畢生獻給一場不知結果的賭注，選擇流星般隕落的歸宿，究竟是智還是愚？

我們豈可忽略旅途的每一瞬！

生命的本真在於體驗，酸甜苦辣、冷暖薄厚，我心自知。真正的完美是一個瞬間的完美與又一瞬間完美的疊加，是一個小夢想與又一大夢想的絕妙承接。

珍惜走過的一路風景，讓人生的每一個駐點都是一首詩，讓每一個頓足都是一幅畫，把這漫漫之路點綴得花香滿徑，把細節串成一樹碩果，把擁有連結成一條溪流，就像充實豐富的「豬肚」，滿是收穫的精華。

猶記得福樓拜的「日出」。

「我每天早晨五點按時起床，洗漱、吃飯，準時看日出。」讀到這裡，我的心微微震了一下，一個偉大的作家，在與女友交流的信上，沒有大談自己未來計劃出版什麼樣的鴻篇巨製，什麼樣的開山之作，而是把目光聚焦在當下——此時此刻；日出即將呈現，噴薄的美就要亮相，一個人對生命有怎樣透闢的認識，才可以做到樂此不疲地關照生活的細節，把每一步路走得穩健踏實。

當我們把生命定義成動態的過程，定義成珍貴的體驗，難得的奧妙就會被掌握。

海明威筆下的老人是幸福的，那條大長鯨的得與失是不值得過多計較的，就像塵埃的落定，生命的「豹尾」不需要苦苦挖掘、碌碌尋覓。當我們像頑強的聖地牙哥一樣，把人鯨博弈當作一個絕妙的經歷。每次的撒網，每次的奮力揮魚叉，每滴汗、每滴血，每一刻的充實，每一瞬的磨礪，自成一片風景，生命的本色盡顯其中。

「一路」即「一生」。不必刻意追尋終點的絢爛，因為你的一生早已是一片好風景。

一百多年前的一個黎明，在巴黎鄉下一棟亮燈的木屋裡，福樓拜在給最親密的朋友寫信：「我拼命工作，天天洗澡，不接待來訪，不看報紙，按時看日出……」一位面壁寫作的世界級文豪，一個如此吝惜時間的人，卻每天惦記著日出，把再平常不過的景象當作一門必修課來面對。

北京四中也有很多這樣的人。有這樣的老師，他們在緊張而繁重的工作之餘，聽音樂，看話劇，喝茶，閒談，讀書；他們每天定時去餵校園裡的流浪貓，每個長假短假去參加公益活動。

有這樣的學生，他們在緊張而繁重的學習之餘，每天都有體育課，每人都參加社團活動，每年都要遊學走四方；他們還會關注教室窗外的一朵玉蘭花，從萌芽之星星點點，到凋謝之滿地燦爛。

因為這樣生活著，所以才會有這樣的閱讀和這樣的思考，這樣的態度。

才會在日出的時候，與福樓拜惺惺相惜。

黄春

和諧的統一

王寧

北京四中二〇一三屆，現考取法國貢比涅工程技術大學。
首先看到的是活潑樂觀的性格，廣交朋友。深入一層，便是才幹。富有創造力和領導力，與伶牙俐齒的結合，讓我在辯論比賽中獲得最佳辯手的稱號，在顧拜旦和文藝部策劃多項活動，並且曾擔任校比賽的主持人。向裡子了解，便輪到品行了。雖認真刻苦，偶而的「小迷糊」確實讓生活和學業經歷坎坷……終了一句，最令我自豪的是：長存善意。

「板橋體」歪歪斜斜，飽有瀟灑之態與嚴整之風，反而顯得獨一無二，像是和諧的統一。工整和瀟灑似是兩個方向，但合二為一後，仍以一別樣字體存於天地。

當哲學家與屠夫相遇，一如思想與實踐碰撞。亦是兩個方向，這二者將會如何？

屠夫的一連串問題，哲學家的回答均是兩個字「不會」。是的，哲學家只會思想。屠夫不禁問到思想的價值。哲學家仍以一句富有思想的話作為終結。

二者分明是兩個方向，卻可以同在世間暢遊，屠夫實踐著，思想家思考著。

這世界之所以如此美麗，是因二者和諧的統一。倘若世間只有實踐，沒有了思想，何來貝多芬的激昂著、充滿著感情的樂章？何來魯迅那有著艱澀文字卻蘊含救國之志的作品集？何來梵古那仰面向上的向日葵？

但倘若世間空餘思想而缺了實踐，那一切都只餘一個空殼，只能窒息了現在。

榮格說：「一切文化都將沉澱在人格上。」隨著年齡的增長，慢慢的，認識到了這世間的複雜與喧囂。誠然，我們的內心均會或多或少的了解一些「黑幕」、「真相」。但這並不妨礙我們的內心存留著天真與簡單。過度真實，就如《裝在套子裡的人》別里科夫，可悲又可憐。

而過度天真，最終會被時代的潮水洗去。

而陶淵明的選擇隱於世，卻最終生活困苦亦是佐證。

官場的風雨不適合陶淵明的生存方式，於是，他選擇存於田園。可最終的結果並不如願，這便是現實與理想之間未統一。相反的，劉孝綽的《詠素蝶詩》：「芳華幸勿謝，嘉樹欲相依。」他留下了，留在了官場，他知道，為了生存，他必須留下。但是同時，他選擇了自己不流於俗的理想。這便像《西西弗的神話》中的西西弗，他知道這巨石永遠不可能搬運成功，但他選擇接受命運，並選擇了自己的命運，這便是和諧的統一。

當李易安那富有兒女情愫的「爭渡，爭渡，驚起一灘鷗鷺」迴響在耳邊時，她「至今思項羽，不肯過江東」的氣貫長虹亦隨之展現。我想，我們的內心或許也要依靠無數不調和因素的融合，才能更為飽滿。

對於世間的萬物，均有和諧的統一，當瞬間與永恆相遇；當紅玫瑰與白玫瑰相遇；當哲學家與屠夫相遇；當工整與瀟灑相遇……

回望哲學家與屠夫的對話，我釋然……

哲學家來到集市上。屠夫問：「你會殺豬嗎？」哲學家答：「不會。」鐵匠問：「你會打鐵嗎？」哲學家答：「不會。」商人問：「你會經商嗎？」哲學家答：「不會。」他們又問：「那你會什麼？」「我會思想。」眾人大笑：「思想值多少錢？」哲學家說：我不能做你們所能做的事，但能思考你們所不能思考的問題。」說完他便開始思考，眾則無語。

這是一個故事，編故事的人應該是企圖「揚哲學，抑屠夫」。聽故事的人，也很容易生發出如此感慨來，於是在作文裡大贊哲學家，而對屠夫加之鄙夷。這未嘗不可，只是不夠境界。本文作者王寧同學對此故事的理解是：「二者分明是兩個方向，卻可以同在世間暢遊，屠夫實踐著，思想家思考著。這世界之所以如此美麗，是因二者和諧的統一。」

矛盾雙方的和諧統一，讓這個世界如此美麗。

比如陶淵明的瀟灑轉身和艱難生計的統一，比如劉孝綽的江湖之身和理想之魂的統一，比如西西弗挑戰命運和接受命運的統一。

一個還沒怎麼長大的孩子，能有這麼深刻的人生悟解，真是可貴，可貴！

黃春

「無用」亦可為「有用」

楊恆源

北京四中二〇一三屆，現考取清華大學。

我小時候受媽媽的影響喜愛外國古典文學，小學時便捧著各種厚重的小說似懂非懂的閱讀，而書中細膩的描寫也潛移默化地影響著我長大後的寫作風格。

我享受一個人在清晨或深夜安靜地寫作，彷彿天地間只有我一個人——在屬於我的一方小天地裡——描繪著我的獨一無二的生命形態。

哲學家開始思考，也引發了我的思考——除了思考，什麼也不會的哲學家無法創造實在的「物質價值」，那麼他究竟是否有價值？

讀過一個故事。莊子同弟子出行，在樹林中見一粗壯樹木；莊子問樵夫那樹何以生長得如此繁茂，曰：「無用。」借宿人家，主人款待莊子，殺雞。莊子問主人為何不殺母雞，曰：「有用。」這便使莊子的弟子困惑了：「無用亦可存，有用亦可存，那我們究竟應有用或無用呢？」

我認為，「無用」亦可為「有用」。這裡的「無用」指的是「沒有物質價值」，「有用」則指「精神價值」。

精神是人最重要的寶藏。一個人可以一貧如洗，但只要他的精神世界是豐滿的，依然會感到富有；反觀某些腦滿腸肥的「富翁」，他們有的只是最淺薄的物質享受，而靈魂卻一文不值。此外，精神可以在人世間流傳百世，深入人心，不會因時間的磨礪而褪色；反觀物質上的滿足，卻只能停留短短一瞬。由此觀之，人的精神價值應較物質價值更為有意義。

世間注定有一些人是來創造物質價值的——否則人類將無法存活，但也注定有一些人，他們所創造更多的是精神價值。

梵古的一生是清苦的。他因他粗野的行為、粗獷的畫風而受盡批判，被貶得一文不值。但他並未因此而停止，反而像苦行僧一般行走於充滿苦難的人間。「沒有無盡的黑暗，只有不斷地走向光明。」在這行走於黑暗的過程中，他的靈魂反而變得更加光明、更加純淨；他將全部精神傾注於怒放的向日葵花瓣所釋放的耀眼光芒中，傾注於在夜幕中翻滾的星辰所閃耀的炎炎光明中。他無聲無息地走了，一生只賣出過一幅畫，只維持了一個月的生計。他幾乎沒有創造一點物質價值——甚至可以視作他弟弟的拖累；但他卻為全人類留下了無比豐厚的精神價值。有些人會說他的畫不是在死後被以高價拍賣，這還不算物質價值嗎——但這恰恰是人們對梵古精神價值的肯定——畫就是他的靈魂，那盛開的向日葵就是他的精神——這畫鼓舞了多少人重燃生命的激情，為夢想而拼搏？

這其中就包括我。

地獄中，西西弗終日在重複著無效無望的工作，接受命運的折磨——但當他站在山下時，他卻是幸福的；海涅一生似浮萍漂泊於人世，但他的詩卻使他譽滿天下；俄國那位躺在病榻上安詳死去的人，雖然淪為殘廢，但《鋼鐵是怎樣煉成的》卻鼓舞一代又一代人為生命不放棄拼搏。

他們都是「無用」的人間旅客，他們的存在僅為歷史長河中短短一瞬；但是他們又是有用的，他們的精神將會在人類歷史中永存，影響一代又一代的後輩們。

屠夫問哲學家：「思想值多少錢？」言外之意，思想和豬肉相比，孰貴孰賤？
楊恒源同學從《莊子》中的〈山木〉篇說起，將「值多少錢」的問題，轉化為「有用」和「無用」的問題。這不僅可以，而且很必要；他將一個生活中的通俗事情，提升為了哲學裡的崇高命題。

在解決莊子悖論的時候，楊恒源同學巧妙地將價值之標準，分為「物質」和「精神」兩條。在肯定物質價值的同時，強調精神價值的重要與可貴。梵古生前並未創造一星半點的物質價值，卻在死後為後世留下了無可估量的精神價值。還有西西弗，還有海涅。

經常有學理工科的同事調侃我：「你們文人，拿著幾個文字，耍來耍去，能當飯吃啊？」我明白他是在調侃，但我也相信這是他的真實想法。

應該讓他讀讀這篇文章。嗯。

黃春

思想之痛

呂燕晨

北京四中二〇一三屆，現考取清華大學。

我喜歡語文，它教會我思考，永遠保留心底的柔軟；我喜歡運動，它幫助我於「動」中尋「靜」，保持積極的生活狀態。我喜歡穿著長裙，迷失於古城古巷；也喜歡在陽光下奔跑，感受青春的脈動。

在人類歷史中，無論什麼時代，都有這樣一群人——他們有清醒的頭腦、堅定的志向和遠大的抱負。而這一切，歸根到底，均因他們有思想。

思想，不同於物質，屬於精神層面。人與其它生物之根本區別，就在於思想，以及由思想產生的一系列理想、抱負、信仰、毅力等。

因為有了思想，人類才能不斷改善生活，使社會進步。種種發明創造均來源於思想。思想的奧秘便在於賦予本身不存在的物質以生命，集中體現了人類的思想與智慧。

然而，思想必定伴隨著痛苦，因為情感也是思想必不可少的產物之一。

官場黑暗，物欲橫流，你是否感受到了陶淵明違背自身意願「違己交病」的苦痛與折磨？是否聽到了他內心「少無適俗韻，性本愛丘山」的自然呼喚？

祖國危難，山河動搖，你是否聽到文天祥振臂高喊「人生自古誰無死，留取丹心照汗青」？是否看到了他獻出生命前寫滿臉龐的剛毅與豪情？地獄底層，永無天日，你是否目睹了西西弗一次次滾巨石上山而巨石一次次向山下飛奔、地動山搖？你是否注意到西西弗沾滿泥土的面部、完全扭曲的神情和僵直抖動的雙臂？

你能否感受到他們不可言狀的痛苦與承受的巨大折磨？是什麼支持著他們面對人生重重的苦難？

是思想。是思想產生的信念與力量。

陶淵明清高的志趣情操注定他與官場不適合，他對自然的熱愛與執著才是心靈的歸宿。然而，為了生計，為了家人，他不得不忍受官場的急功近利。是思想，是思想產生的毅力與堅忍支撐著他。「生命誠可貴」，然而國難面前，文天祥大義凜然、視死如歸。是思想，是思想產生的信仰與勇氣鼓舞著他。西西弗熱愛生命、藐視神明，卻被懲罰永生進行最無效無望的事業。他深知命運無可抗拒，於是坦然接受人生之命運，做著自己的主宰。是思想，是思想產生的激情與智慧陪伴著他。

他們的生命是苦痛的，因為思想產生了思想之痛。然而，他們又是幸福的。

思想使他們的生命豐富而完整，並延展了他們生命的緯度。

承受思想之痛的人，往往是最幸福的。

在談論「思想」的時候，好些人都不約而同地想起了西西弗。於此，我著重說說「思想從哪裡來」的話題。

毛澤東在一篇文章裡說：「人的正確思想是從哪裡來的？是從天上掉下來的嗎？不是。是自己頭腦裡固有的嗎？不是。人的正確思想，只能從社會實踐中來，只能從社會的生產鬥爭、階級鬥爭和科學實驗這三項實踐中來。」儘管對「社會實踐」的具體內容的理解，每個時代之間是有差別的，但是，人的思想要從社會實踐中來，這個觀點，應該是一貫正確的，至少是很有道理的。

對於學生而言，什麼是社會實踐？我想，其內容與方式也是包羅萬象的。

但是，我以為學生最重要的「實踐」，就是讀書，就是學習。

因此，學生的思想，主要就從讀書學習中來。這大概是不會錯的。

四中的語文教材裡有一篇文章〈西西弗的神話〉，學生在課堂裡學過，並且，很多同學應該都很喜歡，都曾認真地讀過想過討論過——這才會有那麼多的同學在作文時想起西西弗來，而且還說得頭頭是道。

很多同學忽視了教材課文的閱讀，對於自己思想水準提升的重要意義。總以為托著下巴冥思苦想就能有思想，總以為高談闊論參加辯論會就算有思想，卻忘了，思想，也是需要站在思想者的肩膀上，才能成長的。

大家的教材裡，語文課堂裡，都有很多很多像〈西西弗的神話〉一樣的課文的。

黃春

思想讓真實更堅強

李宜然

北京四中二〇一三屆，現考取哈爾濱工業大學。
我是一個隨性的人，有時很勤奮，有時又會懶惰，但如今我決定改掉它，
因為嘗了很多次計劃無法完成的不安與失落；我一直說我夠了解社會，
但如今我發現學校真的是座象牙塔，但我說社會的無奈不能動搖我的志向，
我不追求與眾不同，但我想要大效於世；努力是一種品質，應時刻去追求卓越，
我會記住：不輕視別人，也不菲薄自己。改變的發生在繼續充實著我。

是否有一些晚上，我們會因為考試而緊張的徹夜難眠？是否有一些清晨，我們會因為嶄新的開始而滿腔鬥志？我們走在通向理想的路上，昂首挺胸，一路上，我們採擷了越來越多的果實，學會了越來越多的技能。於是我們的步伐更輕快，前進更流暢。但突然有一天，我們的腳步戛然而止，想像我們的表情由嘴角上揚變得滿臉愕然，因為有什麼地方突然缺失了，我們想不起來，這一切，是為了什麼？

於是我們開始思考，蹲下身，抱住頭，苦苦地思考：人生的意義，最初的夢想，此行的目的。有一類人，做著和我們此時同樣的事情，他們叫作：哲學家。

旁人開始嘲笑我們，因為我們一動不動，既沒有工作，也沒有收穫。但其實有時庖丁凝視是為了看清牛的紋理，荊軻停駐是為了積蓄最後的勇氣。只可惜，那時的我們與人們，都不懂。

我們反駁：「我們在思考。」人們大笑：「思考能值幾個錢？」我們沉默，只用筆在紙上勾畫著。我們學習，是為了更好的成績，我們考試，是為了更好的未來，我們有了更好的未來，是為了……是為了……對了，是為了改變。還記得小時候看到電視上有人濫用

特權，我對媽媽說：「我要改變這些。」還記得長大後，看到「地球一小時」時家家依然燈火通明，我對自己說：

「我會改變這些。」為了讓一切可以更美好，這，便是我最初的夢想啊！我看到我蜷縮的靈魂一點一點挺立，因為思想給了我看到未來的眼睛。

我又一次看到身邊那些大笑著的人，他們有的擅長殺豬，有的擅長打鐵，可他們看上去一無所知，他們蔑視了思想，也蔑視了自己一世的價值。他們的前方，已經沒有路了。

卻也還有一些人沒有站起來，是其中的一些哲學家，那些什麼也不會的哲學家。他們思想了一生，也蜷縮了一生，卻以此為傲。他們到處去告訴別人，他們會思考。然而他們最終沒有讓他們的思想照亮些什麼，因為他們只有思想來指導，卻沒有腳步去行動。於是後世給這些人起了一個名字：空想家。

我不想再留戀於此了，我已經看到那條更堅實更平坦的路了。我也看到了那些站起來了的哲學家已經在那麼遠的地方飛行。我不能停滯了，於是我邁出了第一步，不再那麼飄忽，而是踏實而堅定。

心中的那塊空缺填滿了，我懷揣這最初的夢想。

思想讓真實變得更堅強。

我的，真實。

真正的「哲學家」，不僅有別於「蠻幹者」，而且也有別於「空想家」。

還知道區別於「空想家」，這是李宜然同學在本文中表達出的一個很有意義的立場。不過，本文最打動我的，還是因為此文中不僅「有想法」，而且還「有我的想法」；不僅「有我的想法」，還有「我的做法」：「我不能停滯了，於是我邁出了第一步，不再那麼飄忽，而是踏實而堅定。」寫作裡「有我」，是不易的；寫這樣形而上的文章裡還能「有我」，就更不易了。怎樣才能「有我」？其實說來也不難：倘若你寫的想法，就是你自己的想法，百分之百的是，那麼，你的文章裡自覺不自覺地就「有我」了。一定是這樣的。

所以，說到底，還是要寫出自己的真性情。要敢於寫，要樂意寫。

黃春

思想的重量

張逸璿

北京四中二〇一三屆，現考取北京大學。

我身高不到一米六，心靈卻看得很遠：我將諸葛亮的心懷高遠、淡泊明志作為標杆，我欣賞喜歡氣質冷豔脫俗的娜塔莉；我鍾情生活中的邊邊角角，從十歲起開始堅持寫日記，如今擁有三本厚厚的成長財富，生活中路過的人蟲草獸都是日記中的角色；我讚美蓬勃向上的生命力，熱愛各種運動，熱愛揮汗如雨，也熱愛生物學，如願考入北京大學醫學部後，離自己到貧困地區當兒科醫生的夢想又近了一步。

你可以不相信靈魂，但你不能輕視靈魂。

你正在為自己而自豪嗎？因為你剛剛簽下上億元的合同？抑或正步步陞遷等待「眾星捧月」的日子？但無論你身處何等高第，我們都在走向同一個終點——墳墓。越接近目的地，我們的肉體變得越來越輕薄了，於是，真正陪你走到最後的，是思想。

對於〈逍遙遊〉中的「無所依，無所待」。我有另一種看法，那就是暫且忘記肉體，親近思想。那些能手捧自己的思想，讓它不為肉體所腐蝕，不被時光磨損的人是幸福的，他們，擁有你看不見偷不去的珍寶——思想的重量。

你或許認為他的人生是失敗的——北大高才生，讓自己的人生在火車尖厲的呼嘯中匆匆畫上句點。你能看到的只是那一間陰暗的小屋，幾盒泡面——他的物質生活，是蓬頭垢面的狂人——他的肉體。但他有你不可估量的思想的重量。他的思想可以蓬勃到衝破肉體的束縛，以最自由、最不羈的姿態馳騁天地。

他對生命有著椎心泣血的體驗，他用文字抒發對太陽、對大地、對愛情的禮贊，你或許真的不懂蘊藏在餵馬、劈柴、周遊世界中的幸福。前些天是海子的生日，眼前已然春花旖旎，我看到了思想不朽的生命。

你或許認為他是可悲的。與一個女人短暫的邂逅，注定了他一生甜蜜的追尋。只因一見鍾情，他便把自己的靈魂交予她。她是他詩歌的泉眼，她是他生命的女主角。他用自己的靈魂為愛人寫詩，在他心中，她是那樣端莊與嫵媚，那樣智慧與多變，他的思想如一條亮麗的綢帶，在她的纖纖玉手中肆意跳躍。請堅信那是出自心靈的呢喃，不然他怎能一生不詞窮一心一意為一個女人寫詩。「有多少人愛過你歡樂美好的青春／愛你的美貌／或真情／或假意／但我唯愛你那善良的心／也愛你容顏老去的哀傷。」你，看不見他文字後聖潔、幸福的笑容。他終其一生未能得到愛人的肉體，但世人見證了葉芝轟轟烈烈的思想之戀。相比於這份愛情的重量，諾貝爾獎牌也輕如鴻毛了吧！

他們的幸福，在於其思想一生游離在肉體之外，帶著沉甸甸的人生走入了墳墓。

能在滾滾紅塵中，掘出一隅，安放自己的思想，也是幸福之致。

一個人，背包旅行。沒有同伴，沒有目的，去海邊。你不要笑我沒有追求，我相信，大海最能擁抱我們的靈魂。那個時刻，享受一個人的海風，讓自己的思想像海鳥一樣舒展翅膀。城市、學校、朋友、成績……倏忽不在這個世界存在，我就是一個純粹的生靈，順應著命運，享受著生命，縱使我的肉體曾遭受千刀萬剮，但你不能折斷我思想的羽翼。回頭一瞥，寥廓的太陽讓我感動得要落淚。這種幸福，只屬於此時此刻。

縱然我身無分文，手腳殘廢，我微笑，因為我能思考。

寫篇文章表達自己對於思想對於靈魂的在意，這不難。可是張逸璿同學居然將原本有些嚴肅枯燥的思想和靈魂的話題，表達得如此詩情畫意，這是有點兒難的。可她做到了。

「你可以不相信靈魂，但你不能輕視靈魂。」開篇一句裡，作者將「不相信」和「輕視」兩個詞（嚴格來說是兩種態度）排在一起比較，很細膩，也很清晰。

「真正陪你走到最後的，是思想。」一個「陪」字，就寫得恰切，且有了詩歌的形象。接下來，作者從莊子的〈逍遙遊〉談起了肉體和思想的話題，然後通過對兩位詩人（海子與葉芝）的生命經歷的講述，詮釋了肉體和思想的關係：肉體是短暫的，唯思想可以永恆；肉體是世俗的，唯思想可以高尚。

最後，還是要說回自己。「我微笑，因為我能思考。」

黃春

有悔的青春

安蔚然

北京四中二〇一二屆，現就讀於北京大學。

性嫌麻煩，酷愛折騰可又懶得折騰；性格矛盾但不複雜，不死皮賴臉地和世界較勁，只是苦心孤詣地在跟自己扯皮。十分認真地擁有一個這幾年突然變得大眾化的夢想：行萬卷書和讀萬里路。因為讀書多為消遣和裝潢，是故不求甚解，步履匆匆；而生性懶散，加之貪玩，時空之路都堅持絕不走馬觀花，是故人生之長世界之大，一句一讀，一步一停。

不知是否每個人的年少歲月中都有這樣一段記憶，願意用「無悔」二字來標榜自己的青春，來寬恕自己少年時的笨拙和莽撞。也似乎只有這樣，只有在明明愧疚難過的時候倔強地昂著頭大聲喊出「青春無悔」，才能顯出自己比別人多一分肆意或張揚。我就是這樣。

我願意用「無悔」二字來表彰自己尚未結束的青春，作為一種炫耀或者標榜。可其實我說了謊。我曾很後悔很後悔過。當我藉口忙碌不願走長路去看外婆，卻聽到電話裡她想念卻怕我擔心而壓抑的哭聲時，我後悔；當我背棄了一段友情，深深傷害了一顆敏感跳動的心時，我後悔；當我唐突了青春寶貴的時光，浪費了廣闊世界中的千萬美景而困坐於斗室中碌碌終日時，我後悔；當我一天天褪去青澀與天真，懂得用理智來交換情感，用現實狠狠衝擊了夢想，輕易地放棄了曾經那麼熱愛的東西時，我，特別後悔。

可我們依然願意用無悔來包容青春，正因為我們仍然青春，我們還年少。

不憂愁的臉，是我的少年。不倉皇的眼，被歲月改變。都說青春無悔，其實青春怎麼可能沒有悔恨？但年少的我們固執地選用了「無悔」，是因為我們在年少時都有一顆更直接、更無懼、更明亮的心。無悔是一種態度，它讓我們即使疼痛，也鼓起勇氣一直向前。

但現在，我更想用「有悔」抓住自己的青春，我開始懂得後悔的意義。因為年少略微魯莽的我們沒學會如何巧妙避開人生道路上的陷阱與關卡，所以那些跌倒後的傷害與遺憾才會被深深銘記。因為有悔，所以刻骨銘心，所以我不會再辜負親人的等候、朋友的信任；因為有悔，所以倍加珍惜，所以不會再白白讓時光匆匆從床腳、指縫、流水中溜走，所以時刻對自己說：「別忘了做過的夢。」因為經受過悔恨的灰暗，所以越發珍惜，越加主動地去擁抱光明。

「無悔」是一種態度，「有悔」更是一種態度。洪七公降龍十八掌的第一招便叫「亢龍有悔」，因為是亢龍所以有悔，還是因為有悔所以威龍的氣力大增都不重要，重要的是，因為有悔，我們反思自己踏過的路，我們珍惜正在邁出的每一步，我們努力走出一條通向陽光的坦坦大道，這難道不是「有悔」帶給我們最好的禮物嗎？

生活的陽光，總會讓我們不成熟的青春經歷過後悔，總會讓我們的眼睛看到過黑暗，但它永不能改變我們的夢想，與我們追尋光明的勇氣。

我的青春是有悔的，但我感激它的有悔，也希望我的未來因此而再無悔恨。

我想你也一樣吧！

你的青春，你「有悔」嗎？
實際上，本文作者安蔚然同學說出了所有人不敢自白的話：「有悔！」是啊，怎麼能無悔呢？想起外婆，你沒有後悔？想起朋友，你沒有後悔？
想起時光，你沒有後悔？想起夢想，你沒有後悔？你都有，可你不敢說，不願說，故意高喊著「無悔」來為自己曾經的錯誤和錯過，掩蓋責任，拒絕反思。

安蔚然同學十分真誠地剖析了自己有關「無悔」論調的真實心理，也承認了「無悔」口號之於青春的必要意義。她說：「無悔是一種態度，它讓我們即使疼痛，也鼓起勇氣一直向前。」她又說：「因為有悔，我們反思自己踏過的路，我們珍惜正在邁出的每一步，我們努力走出一條通向陽光的坦坦大道。」這樣的思想，是很難得的。它成熟，它真實，它充滿正能量。

黃春

別讓思想為實際而犧牲

李夢圓

北京四中二〇一三屆，現考取香港大學。

喜愛看時事評論和歷史反思，喜愛音樂、電影和外文。

身處自媒體時代，喜愛觀點但不喜愛鋒芒，喜愛自由但不喜愛浮躁。

崇尚理性和實幹，也追求批判性思維和創造。寫作但求真實。

我做過一件至今仍很後悔的事情。

剛上初中時，有個很要好的同學經常想和我交流她的思想，而我是個注重「實際」的人，因而總是用各種理由搪塞她。一天下課，她興沖沖地向我跑來，揮動著手中那張薄而脆的紙。

「你猜我做了什麼？」

在我的不解中，她將紙平鋪在我的面前，上面用鉛筆寫了很多字，密密麻麻。我想她這節課又「瞎想」了。

「我發明了決定論……」

聽她細緻的闡述，我卻只明白了原理：一切事物都是被其它事物決定著的。

「哲學嗎？這離我很遠。」這是我當時唯一的想法。很長一段時間之後，她帶來了一套完整的理論給我看。我吃驚：她的思考力和邏輯竟然這樣成熟了，她的理論已初具大廈的模型。

這位同學經常問我：你最近看了什麼書？每當我對一些事件發表觀點時，她總是堅持鼓勵我多說多想。事實上，她看重這些重於實際。而我，在很長一段時間內，都認為思想是實際的調劑。但是今天我發現，少了思想，我會走得很艱難。

我會語塞。在我忽然對某一話題有了些激情，希望表達自己時，我發現自己說出的只是那份激情中不占分量的小小一部分。我有思想，每個人都有思想，但是不是每個人的思想都有深度、廣度和厚度。這種度量不是突然迸發就能持久的，而是千萬絲、千萬縷思想累積而成的。我把實際中的事情做得很好，但是我沒有深入地思考，因而我無法將實際轉化成精神上的收穫。我的實際只是空洞的軀殼。

我會迷惑。思想也會讓人迷惑，但這不是過分注重實際帶來的迷茫無所往。思想讓人迷惑，是因為它還沒有成形，還是種子在土地裡埋藏時的生長。而實際帶來的迷惑是停頓，是沒有目的的奔走，或是千淘萬漉後的漫長的可怖的空虛。沒有思想，人會被榨乾，被抽空，卻毫不自知。

我後悔曾經沒有認真傾聽那位同學的思想，更後悔我曾經那樣汲汲於實際。

現在，當我看到小孩子向家長問「為什麼」，會得到「有沒有做作業」的所謂「答覆」時，我會感到焦急。我會讓實踐給思想騰出空間，讓我真正感受到一個完整的人的存在。我不會讓思想為實際而犧牲了。

也希望更多人能明白這點。

「思想」和「實際」之間，是怎樣的關係？其實應該是「實事求是」。但是，長久以來，強烈的功利心，使得幾乎在所有人的眼裡，「實際」「現實」，已經成為了諸如「理想」「信仰」「思想」等的囚籠。一個「講求實際的人」，一個「懂得現實」的人，往往是不需要思想的。

就這樣，本文作者李夢圓同學便在很長一段時期內，潛意識地將「思想」和「實際」分裂開，對立起來。借著「實際」的盾牌，拒絕一切「思想」。

有個小故事：小 A 走進圖書館，想將架子上所有的書吞咽下去，他說他要解決肚子的問題。小 A 肚子裡裝了許多公式，但還是解不開數學題，他去敲老師的門，說要解決腦子的問題。數學得了滿分的小 A，用數學卷子的背面抄一首貼在樓道牆上的詩，他說除了腦子的問題，還要解決心靈的問題。讀過詩，小 A 發現自己的扣子掉了，他找來針線縫扣子。扣子縫歪了，針還紮疼了指頭。

小 A 這才發現，他還要解決手的問題。肚子的問題，腦子的問題，心靈的問題，手的問題，這些問題不僅是小 A 需要面對的，甚至也是世界需要面對的。

是呀，肚子問題，當然是重要的，我們很難說「要思想」不要「肚子」，那我們就努力創造一個「會思想的肚子」吧！

——一如從今以後的李夢圓同學。

黃春

編輯的話*

古人有兩句話，一說，字如其人；又說，文如其人。兩句話的大意，是書法以線條表達和抒發作者的情感心緒，而文章風格同作者性格特點相類似。兩句話其實也可簡化為三個詞：寫字、作文和做人。這兩句話三個詞，簡單明白，樸素淡雅，卻又你中有我，我中有你，渾然透出物我相融、拙樸性靈的中華哲學。

以關注人文教育、弘揚中華文化、服務全球華人為使命的華文出版社，理想宏大，卻正以這三個詞語構成我們的出版三部曲。從陶冶漢字之美入手，我們出版的中小學《書法》教材進入課堂，廣受歡迎；從「品史立人」出發，我們以「華文傳記」為品牌出版的一系列傳記作品，引人矚目。這裡奉獻給讀者的，恰是由「字」到「人」的「作文」橋樑——用筆尖寫出青春成長，用筆尖品味漢語之美，用筆尖品察心性脈動。

二〇一二年八月，我們推出了這套作文書的第一部：中國人民大學附中校長劉彭芝作序、陳蓮春老師編著的《筆尖上的成長：人大附中陳老師教你寫立體作文》。出版一年來，這本書受到中學老師、學生及家長的熱烈歡迎，在書店銷售排行榜也居高不下。據調查，受歡迎的原因，首先在於滲透了中學作文教改的新理念和新思想；其次便是關注這

*編按：本文為簡體版之〈編輯的話〉。

立足於人、書寫成長，是心靈的自由帶來了作文的「解放」；第三是水到渠成的結果，書中作文的每位作者順利實現了自己的高考夢想，其中兩位還分別成為北京市二〇一二年高考的文理科第一名。

這次推出的《筆尖上的成長：北京四中黃春老師教你寫作文》《筆尖上的成長：北京八中王素敏老師教你寫作文》，延續了這由書到文、由文到人的立意，同時又體現了各自的特色，再次呈現北京名校的作文教學優長；又如江蘇省卷、雲南省卷，則是薈萃全省幾十家著名中學的優秀作文；針對每篇作文，不僅有名師的精到評改意見，還有每位學子的介紹或感想。系列化出版的這套圖書，自北京起步，融匯全國，無疑構成當代中國優秀高考作文的「大合唱」。

不是每個人都能始終擁有成長的歲月，儘管成長可以跨過特定的青春時光；「作文不是生活的點綴，而是生活的必需」（葉聖陶語）。我們期望，這套凝聚全國優秀教師教學智慧、優秀學子高分作文的圖書，能成為學子們的青春記憶、成功助力。

本書編輯部

2013 年 8 月

筆尖上的成長　A0900004

筆尖上的成長：名師教你寫作文　卷二　下冊

編　　著　黃　春
責任編輯　蔡雅如

發 行 人　林慶彰
總 經 理　梁錦興
總 編 輯　張晏瑞
編 輯 所　萬卷樓圖書股份有限公司
排　　版　菩薩蠻數位文化有限公司
印　　刷　百通科技股份有限公司
封面設計　菩薩蠻數位文化有限公司

出　　版　昌明文化有限公司
桃園市龜山區中原街 32 號
電話 (02)23216565
發　　行　萬卷樓圖書股份有限公司
臺北市羅斯福路二段 41 號 6 樓之 3
電話 (02)23216565
傳真 (02)23218698
電郵 SERVICE@WANJUAN.COM.TW
大陸經銷
廈門外圖臺灣書店有限公司
　電郵 JKB188@188.COM

ISBN 978-986-94917-4-7
2020 年 5 月初版二刷
2017 年 5 月初版
定價：新臺幣 400 元

如何購買本書：
1. 劃撥購書，請透過以下郵政劃撥帳號：
　帳號：15624015
　戶名：萬卷樓圖書股份有限公司
2. 轉帳購書，請透過以下帳戶
　合作金庫銀行　古亭分行
　戶名：萬卷樓圖書股份有限公司
　帳號：0877717092596
3. 網路購書，請透過萬卷樓網站
　網址　WWW.WANJUAN.COM.TW
大量購書，請直接聯繫我們，將有專人為您服務。客服：(02)23216565 分機 610

如有缺頁、破損或裝訂錯誤，請寄回更換

國家圖書館出版品預行編目資料

筆尖上的成長 ： 名師教你寫作文. 卷二 / 黃春編著. -- 初版. -- 桃園市 ： 昌明文化出版 ； 臺北市 ： 萬卷樓發行, 2017.05
　冊 ；　公分
ISBN 978-986-94917-4-7(下冊 ： 平裝)
1.漢語教學 2.作文 3.中等教育
524.313　106008398